ARKANA

W0178916

Buch

Khalil Gibran beschäftigte sich jahrzehntelang mit der Trilogie seiner Prophetenbücher. Nur die ersten beiden Bücher konnte er vollenden, und nur das erste, »Der Prophet«, wurde zu seinen Lebzeiten veröffentlicht. Es wurde in kürzester Zeit zu einem sensationellen Erfolg. Das zweite, »Im Garten des Propheten«, wurde postum veröffentlicht. Der letzte Teil, »Die Heimkehr des Propheten«, blieb Konzept, bis es Jason Leen ganz im Sinne Gibrans vollendete.

Der vorliegende Band vereinigt erstmals alle drei Teile dieser Propheten-Trilogie und betont damit ihren inneren Zusammenhang. Die Wanderschaft des Propheten Almustafa ist ein spirituelles Gleichnis für den Weg durch das Menschenleben; seine Stationen sind existenzielle Lebenssituationen. Die Worte des Propheten geben Rat aus tiefer Weisheit, rücken so manche bequeme, aber unlautere Lebensgewohnheit zurecht und regen Zeile für Zeile zu Selbstbesinnung und Neuanfang an.

Dieses Buch schlägt man irgendwo auf und findet eine neue Idee, die einem gerade an diesem Tag weiterhilft; oder man sucht Rat zu einem Thema und erhält eine Lehrrede, die in ihrer poetischen Sprache den Blick auf das Wesentliche freilegt. Oder man liest sich fest und begleitet den Propheten auf seiner Wanderung. Wie auch immer, unsere Lebensfragen spiegeln sich in der poetisch-archetypischen Weltsicht des Propheten und erscheinen uns in neuem, befreiendem Licht.

Autor

Der Maler und Dichter Khalil Gibran wurde 1883 im libanesischen Becharré geboren. Die Jahre zwischen seinem zwölften und siebenundzwanzigsten Lebensjahr verbrachte er abwechselnd in seiner arabischen Heimat, in Europa, wo er sich u. a. in Paris dem Künstlerkreis um Rodin anschloss, und in den USA. 1910 ließ er sich endgültig in den USA nieder, wo er sich fortan in erster Linie der Erneuerung der arabischen Literatur widmete. Er starb 1931 im amerikanischen Exil.

Im Goldmann Verlag ist bisher erschienen:
von Khalil Gibran:
Im Garten des Propheten (13364)
Der Wanderer (13212)
von Jason Leen:
Die Heimkehr des Propheten (13247)

KHALIL GIBRAN

Die Propheten-Bücher

Der Prophet
Im Garten des Propheten
Die Heimkehr des Propheten

Mit Zeichnungen des Autors

ARKANA

GOLDMANN

Umwelthinweis:
Alle bedruckten Materialien dieses Taschenbuches
sind chlorfrei und umweltschonend.
Das Papier enthält Recycling-Anteile.

Vollständige Taschenbuchausgabe Februar 2002

»Der Prophet«, übersetzt von Hans Christian Meiser,
© 2002 der deutschsprachigen Ausgabe
Wilhelm Goldmann Verlag, München
in der Verlagsgruppe Random House GmbH

»Im Garten des Propheten«, übersetzt von Hans Christian Meiser,
© 1986 der deutschsprachigen Ausgabe
Wilhelm Goldmann Verlag, München
in der Verlagsgruppe Random House GmbH

»Die Heimkehr des Propheten«, übersetzt von Angela Hoffmann,
© 1990 der deutschsprachigen Ausgabe
Aquamarin Verlag
© 1988 der Originalausgabe Jason Leen
Originalverlag: Illumination Arts, WA
Originaltitel: The Death of the Prophet

Umschlaggestaltung: Design Team München
Satz: Uhl+Massopust, Aalen
Druck: Elsnerdruck, Berlin
Verlagsnummer: 21620
Redaktion: Gerhard Juckoff
WL · Herstellung: WM
Made in Germany
ISBN 3-442-21620-6
www.goldmann-verlag.de

2. Auflage

Inhalt

Vorwort

Im Jahr 1923 erschien in New York ein »merkwürdiges kleines Buch« mit philosophischen Betrachtungen, Meditationen und Gleichnissen. In biblisch-mystischer Sprache erzählen sie von den wichtigsten Fragen des menschlichen Lebens und bieten durch die Gestalt des weisen Almustafa Antworten, deren durchdringender Tiefe sich kaum ein Leser entziehen kann. Das Buch, an dem der libanesische Dichter und Maler Khalil Gibran fast ein Vierteljahrhundert lang gearbeitet hatte, trug den Titel »Der Prophet«, und es wurde in kürzester Zeit zu einem sensationellen Erfolg und zu einem Kultbuch, das bis heute nichts von seiner Aussagekraft verloren hat und eine Generation nach der anderen von neuem begeistert.

Khalil Gibran plante, diesem Werk noch zwei weitere Bände folgen zu lassen, um eine vollständige Propheten-Trilogie vorzulegen. Von diesen Werken erschien allerdings nur »Im Garten des Propheten« mit poetischen Reflexionen über die Beziehungen des Menschen zur Natur, abermals vorgetragen durch die Worte Almustafas. Das Manuskript wurde 1934 von Gibrans Schülerin und

Nachlassverwalterin Barbara Young postum veröffentlicht, da der frühe Tod des Dichters im Jahre 1931 seine ursprüngliche Absicht zunichte gemacht hatte. In deutscher Sprache war »Im Garten des Propheten« erst fünfzig Jahre später erhältlich. Es ist ein Werk voller Sprach- und Gedankenkraft, das in jeder Zeile Anregung zur Selbst-, Um- und Neubesinnung gibt.

In ihrer Gibran-Biographie »Dieser Mann aus dem Libanon« erwähnt Barbara Young schließlich den dritten Band der Propheten-Bücher, dem Gibran den Titel »Die Heimkehr des Propheten« geben wollte. Aber nur ein einziger Satz war davon erhalten, aus dem man allerdings ahnen konnte, welches Ende sich der Dichter für seinen »Helden« Almustafa ausgedacht hatte.

Auf Grundlage der beiden existierenden Bücher über den Propheten machte sich der amerikanische Schriftsteller Jason Leen in den Siebzigerjahren des vergangenen Jahrhunderts daran, das zu schaffen, was Khalil Gibran nicht mehr gegönnt sein sollte: die Trilogie zu vollenden. Er schuf auf Basis der Inspiration »Die Heimkehr des Propheten«, sodass es uns heute möglich ist, ein wirklichkeitsnahes und vollständiges Bild von Almustafa und seiner Botschaft in Händen zu halten. In dem hier vorgelegten Band sind zum ersten Mal alle drei Propheten-Bücher vereint – als ein Zeugnis des meisterlichen Schaffens Gibrans und als ein

Ausdruck des Dichters, sein inniges Anliegen, die Welt des Christentums mit der des Islam verschmelzen zu lassen, zu veranschaulichen.

Dieses Anliegen ist leichter zu verstehen, wenn man sich mit dem Leben Khalil Gibrans vertraut macht:

Am 6. Dezember des Jahres 1883 wurde er in Becharré im Quadischa-Tal des Libanon geboren. Seine Mutter Kamileh war die Tochter eines maronitischen Priesters. 1894 emigrierte die Familie, allerdings ohne den Vater, der im Libanon blieb, in die Vereinigten Staaten von Amerika, nach Boston. Politisch war der Libanon türkische Provinz, die erst ab 1861 einem maronitischen Gouverneur unterstand. 1920 erhielt Frankreich das Mandat für das nun mit Syrien vereinte Großlibanon. Nicht nur heute also ist diese Region des Nahen Ostens Schauplatz machtpolitischer Kämpfe aller Art, Spannungsgebiet schwer zu durchschauender Interessen, Arena für inner- und außerarabische Konflikte.

Gibran, der mittlerweile zum Studium seiner Muttersprache und zur Beschäftigung mit der klassischen und modernen arabischen Literatur an die »Schule der Weisheit« in den Libanon zurückgekehrt war, bereiste 1901 Griechenland, Italien und Spanien. 1904 begann er als Maler Aufmerksamkeit zu erregen, und 1905 erschien sein erstes Buch in arabischer Sprache, »Die Musik«.

Drei Jahre später erreichte er Paris, wo er an der Académie Julien und der Ecole des Beaux Arts studierte. Begegnungen mit Auguste Rodin, Claude Debussy und Maurice Maeterlinck wie die Beeinflussung durch das Werk William Blakes und Friedrich Nietzsches »Also sprach Zarathustra« ließen ihn allmählich zu einer ganz und gar europäisch geprägten Gestalt werden, die allerdings ihre arabische Herkunft nie verleugnete.

1910 plante Gibran zusammen mit einem Freund ein Opernhaus für Beirut, dessen Kennzeichen zwei Kuppeln sein sollten – Symbol der Versöhnung zwischen Islam und Christentum, jener beiden Weltreligionen, die im Libanon neben-, aber nicht miteinander existierten und existieren.

1912 zog Gibran, der inzwischen nach Boston zurückgekehrt war, nach New York, wo 1918 sein erstes Buch in englischer Sprache, »Der Narr«, erschien. 1920 wurde er Gründungspräsident der literarischen Vereinigung »Arrabitah«, welche sich hauptsächlich arabischer Exilschriftsteller annahm. Gibran veröffentlichte zudem die Werke »Die Stürme«, »Der Vorbote« (1920), »Sand und Schaum« (1926), »Jesus Menschensohn« (1928) sowie »Die Götter der Erde« (1931).

Am 10. April 1931 starb Gibran in New York und wurde am 21. August in seiner Geburtsstadt Becharré in der Kapelle des Klosters Mar Sarkis, seinem Wunsche gemäß, beigesetzt. In der Nähe des

Klosters wurde mit Unterstützung der libanesischen Regierung ein Gibran-Museum eingerichtet. 39 Jahre später fand in Beirut das erste internationale Gibran-Festival statt, und im Jahr 2001 verlieh die jordanische Königin Nur in Washington den Khalil-Gibran-Preis an den britischen Musiker Sting für dessen Umwelt-Engagement und seinen Einsatz für die Völkerverständigung.

Gibran menschlich wie literarisch einzuschätzen ist ein schwieriges Unterfangen. »Man hat ihn den großen Mystiker, den Philosophen, den religiösen Menschen, den Ketzer, den Gelassenen, den Aufrührer, den Zeitlosen genannt«, schreibt Joseph Sheban, ein Biograf Gibrans. Gesichert ist jedenfalls, dass sein Versuch, Christentum und Islam zu vereinigen, zumindest literarisch gelang. Daher rühren auch die inhaltlichen und sprachlichen Anklänge an die Bibel in seinen Propheten-Büchern.

Archaische Bildhaftigkeit und biblische Metaphorik, islamische Mystik und europäische Philosophie finden sich in den von Gibran stets neu erörterten »fünf letzten Fragen«, den Fragen nach Leben, Tod, Liebe, Erde und Gott. Es geht ihm um das alte, sokratische »Erkenne dich selbst«. Und – wie Hegel – zeigt er anhand der Dialektik von Knospe, Blüte und Frucht, dass in der Verschiedenheit nicht nur die Einheit und der Widerspruch geborgen sind, sondern vor allem die fortschreitende

Entwicklung zur sichtbaren Wahrheit und deren Vollendung. Das Ganze, also die Einheit von Knospe, Blüte und Frucht, zu sehen ist das Vermögen der Vernunft, und Freiheit besteht in der von der Vernunft geleiteten Bewegung auf das Ganze hin. »Wir sind Gott in der Gestalt des Blattes, der Blüte und der Frucht«, heißt es im »Garten des Propheten«.

Einheit wird gesehen als Innesein des Lebens im Tode beziehungsweise des Todes im Leben; die Frucht als Vollendung ist das eigentliche Wesen, der Kern, um den herum die Wirklichkeit sich legt. Sind Blüte und Frucht im Kern schon angelegt, so wird der Same der Blüte wieder einen neuen Kern ergeben. Daher verweist der Tod als Frucht darauf, dass er selbst fruchtbar ist und dass er die Möglichkeit, überhaupt fruchtbar zu sein, aus dem Leben selbst empfängt, wie das Leben seine eigene weitere Fruchtbarkeit aus dem Ab-Leben erhält.

Alle Propheten-Bücher schließen daher mit dem Gedanken der Wiedergeburt. Diese rhythmische, spiralförmige Wiederholung des sich selbst reproduzierenden Lebens ist nicht nur durch die Reflexionsgabe des menschlichen Bewusstseins einsehbar, sondern auch durch die empirische Betrachtung der Natur wie des Lebens selbst, die freilich wiederum zum Gegenstand der bewussten Reflexion wird – wie an Gibrans Wort abzulesen ist. Der Tod nimmt nicht, er setzt frei, und das Leben gibt, indem es sich im Tode selbst entäußert. In der Einheit leben beide über die Endlichkeit hinweg. Dass die Seele des Menschen daher göttlichen Ursprungs ist, bedarf keiner weiteren Erörterung.

Khalil Gibran, der jede Form dogmatischer religiöser Lehrsätze ablehnte, ist somit ein Erneuerer des Glaubens – vertrauend auf das Leben selbst, ohne dabei einem platten Pantheismus zu verfallen. Und wie gültig sein Denken ist, zeigt eine besondere Passage aus dem »Garten des Propheten«: »Arm das Land, das voller Lehren ist, aber ohne Glauben... Arm das Land, das seinen neuen Herrscher mit Trompetenstößen willkommen heißt und mit Hohngelächter ihn verabschiedet, nur um einen anderen wieder mit Trompeten zu begrüßen... Arm das Land, das gespalten ist in Teile, und darin jeder Teil ein eigen Land sich nennt.«

Es ist nicht nur das Schicksal des Libanon, sondern das aller geteilten und bedrohten Staaten, welches diesen Sätzen immer wieder neue Aktualität verleiht. Gibran selbst ist der Prophet, doch das, was er vor seinem inneren Auge sah, hilft dem Menschen zu erkennen, dass es noch nicht zu spät ist, zu jenem liebenden Wesen zu werden, als das er einst gedacht war.

Hans Christian Meiser

DER PROPHET

Die Ankunft des Schiffes

ALMUSTAFA, der Auserwählte und Geliebte, der seiner Zeit eine Morgenröte war, hatte zwölf Jahre lang in der Stadt Orphalese auf sein Schiff gewartet, das wiederkehren sollte, um ihn zur Insel seiner Geburt zurückzubringen.

Und im zwölften Jahr, am siebenten Tag des Erntemonats Jelul, stieg er auf den Hügel außerhalb der Stadtmauern und blickte hinaus auf die See; und er sah sein Schiff mit dem Nebel herannahen.

Da taten sich die Tore seines Herzens auf, und seine Freude flog weit über das Meer. Und er schloss die Augen und betete in der Stille seines Herzens.

Doch als er den Hügel hinabstieg, ergriff ihn Kümmernis, und er dachte in seinem Herzen:

Wie soll ich in Frieden gehen und ohne Trauer scheiden? Nein, nicht ohne Wunde im Geist werde ich diese Stadt verlassen.

Lange und qualvoll waren die Tage, die ich in ihren Mauern verbrachte, und lang die einsamen Nächte; und wer vermag sich von seiner Qual und Einsamkeit schmerzlos zu trennen?

Zu viele Splitter meines Denkens verstreute ich auf diesen Straßen, und zu zahlreich sind die Erben meiner Sehnsucht, die nackt inmitten der Hügel wandeln; nur mit Mühe und Schmerzen trenne ich mich von ihnen.

Es ist kein Gewand, das ich an diesem Tag ablege, es ist eine Haut, die ich mir eigenhändig vom Leibe reiße.

Es ist kein Gedanke, den ich zurücklasse, sondern ein Herz voller Süße durch Hunger und Durst.

Und doch kann ich nicht länger verweilen.

Die See, die alles zu sich ruft, ruft auch nach mir, und ich muss mein Schiff besteigen.

Denn zu bleiben, auch wenn die Stunden brennen in der Nacht, hieße frieren und erstarren und in eine Form gepresst zu werden.

Gern würde ich alles, was hier ist, mit mir nehmen. Aber wie sollte ich das tun?

Eine Stimme kann Zunge und Lippen, welche ihr Flügel verliehen, nicht mit sich tragen. Allein muss sie die Lüfte suchen.

Allein und ohne sein Nest muss sich der Adler hoch zur Sonne schwingen.

Als er am Fuße des Hügels angelangt war, wandte er sich dem Meer wieder zu, und er sah, wie sein Schiff den Hafen erreichte, und auf dem Bug die Seeleute, Männer seines Heimatlandes.

Und seine Seele rief ihnen zu:

Söhne meiner Mutter aus alten Tagen, ihr, die ihr auf den Gezeiten reitet, wie oft seid ihr in meinen Träumen gesegelt. Und nun tretet ihr in mein Erwachen, das mein tieferer Traum ist.

Ich bin zum Aufbruch bereit, und mein Sehnen erwartet den Wind mit voll gesetzten Segeln.

Nur einmal noch will ich in dieser stillen Luft atmen, nur noch einen Blick voller Liebe zurückwerfen.

Dann werde ich unter euch sein, ein Seefahrer unter Seefahrern.

Und du, unermessliche See, schlafende Mutter, die du allein dem Fluss und dem Strom Frieden und Freiheit gibst:

Nur noch eine Windung des Stromes, ein Murmeln im Hain,

dann werde ich zu dir kommen, ein grenzenloser Tropfen im grenzenlosen Meer.

Und als er voranschritt, sah er von ferne Männer und Frauen die Felder und Weinberge verlassen und zu den Stadttoren eilen.

Und er hörte ihre Stimmen, die seinen Namen riefen und von Feld zu Feld die Nachricht von der Ankunft des Schiffes weitertrugen.

Da sprach er zu sich selbst:

Soll der Tag des Abschieds auch der Tag der Zusammenkunft sein? Soll das heißen, dass mein Abend in Wahrheit mein Morgenrot war?

Und was soll ich dem geben, der seinen Pflug inmitten des Ackers stehen ließ, oder dem, der das Rad seiner Weinpresse anhielt?

Wird mein Herz ein Baum voller Früchte werden, die ich pflücken und ihnen reichen kann?

Und werden meine Wünsche sprudeln wie eine Quelle, dass ich ihre Becher zu füllen vermag?

Bin ich eine Harfe, dass mich die Hand des Mächtigen berührt, oder eine Flöte, auf dass mich sein Atem durchweht?

Auf der Suche nach Stille bin ich, doch welchen Schatz fand ich in ihr, den ich getrost verteilen kann?

Wenn dies mein Tag der Ernte ist, in welche Felder habe ich die Saat gestreut und zu welch vergessenen Jahreszeiten?

Wenn dies wahrhaft die Stunde ist, in der ich meine Laterne erhebe, dann soll es nicht meine Flamme sein, die darin brennt.

Leer und dunkel werde ich sie erheben, und der Nachtwächter wird sie mit Öl befüllen und entzünden.

So sprach er, doch vieles in seinem Herzen blieb ungesagt. Denn ich vermochte nicht, sein tieferes Geheimnis selbst auszusprechen.

Als er die Stadt betrat, eilten ihm die Menschen entgegen, und sie riefen ihm zu wie mit einer einzigen Stimme.

Und die Ältesten der Stadt traten vor ihn und sprachen:

Geh noch nicht fort von uns.

Ein Mittagslicht bist du in unserer Dämmerung gewesen, und deine Jugend schenkte uns Träume zum Träumen.

Du bist kein Fremder unter uns und auch kein Gast, du bist unser Sohn und innig Geliebter.

Lass noch nicht zu, dass unsere Augen nach deinem Angesicht schmachten.

Und die Priester und Priesterinnen sprachen:

Lass die Wellen der See uns jetzt nicht trennen und die Jahre, die du in unserer Mitte verbrachtest, nicht zur Erinnerung werden.

Du bist unter uns als Geist gewandelt, und dein Schatten fiel als Licht auf unser Angesicht.

Wir haben dich sehr geliebt. Doch unsere Liebe war sprachlos und hinter Schleiern verborgen.

Aber nun ruft sie laut dir zu und möchte unverhüllt vor dir stehen.

Und immer schon war es so, dass die Liebe ihre eigene Tiefe nicht erkennt bis hin zur Stunde der Trennung.

Und andere kamen hinzu und flehten ihn an. Doch er antwortete nicht. Er neigte nur sein Haupt; und jene, die in seiner Nähe standen, sahen, wie Tränen auf seine Brust fielen.

Und er ging mit den Menschen zum großen Platz vor dem Tempel.

Dort trat aus dem heiligen Ort eine Frau, Almitra mit Namen. Und sie war eine Seherin.

Und er blickte sie unsagbar zärtlich an, denn sie war es gewesen, die ihn als Erste aufgesucht und an ihn geglaubt hatte, nachdem er nur einen Tag in der Stadt gewesen war.

Und sie begrüßte ihn und sagte:

Prophet Gottes, auf der Suche nach dem Höchsten, lange hast du am fernen Horizont dein Schiff erwartet.

Nun ist es gekommen, und du musst von uns scheiden.

Tief ist deine Sehnsucht nach dem Land deiner Erinnerungen und der Heimat deiner höheren Wünsche; unsere Liebe soll dich nicht binden und unsere Not dich nicht halten.

Doch ehe du gehst, bitten wir dich, dass du zu uns sprichst und uns an deiner Wahrheit Anteil haben lässt.

Wir werden sie an unsere Kinder weitergeben, und diese wieder an ihre Kinder, und sie wird nicht vergehen.

In deiner Einsamkeit hast du über unsere Tage gewacht, und in deinem Wachen hörtest du, wie wir im Schlafe weinten und lachten.

Deshalb hilf uns, dass wir uns selbst erkennen, und teile uns alles mit, was dir gezeigt wurde von dem, was zwischen Geburt und Tod liegt.

Und er antwortete:

Leute von Orphalese, wovon könnte ich sprechen als davon, was gerade jetzt eure Seelen bewegt?

Über die Liebe

DA SAGTE Almitra: Sprich zu uns über die Liebe.

Und er hob sein Haupt und blickte auf die Menschen, und Stille kam über sie.

Und mit eindringlicher Stimme sprach er:

Wenn euch die Liebe winkt, so folgt ihr nach, sind ihre Pfade auch hart und steil.

Und wenn ihre Schwingen euch umfassen, gebt euch ihr hin, mag auch das Schwert, das unter ihrem Gefieder verborgen ist, euch verletzen.

Und wenn sie zu euch spricht, so glaubt ihr, selbst wenn ihre Stimme eure Tränen zerschmettert, als würde der Nordwind den Garten verwüsten.

Denn so wie die Liebe euch krönt, so kreuzigt sie euch. Und wie sie euch wachsen lässt, so schneidet sie euch zurück.

So wie sie emporsteigt zu eurer Höhe und eure zartesten Zweige streichelt, die in der Sonne flimmern, so steigt sie hinab zu euren Wurzeln, die sich in der Erde festklammern, und rüttelt an ihnen.

Sie sammelt euch ein wie Getreidegarben.

Sie drischt euch, um euch zu entblößen.

Sie siebt euch, um euch von der Spreu zu trennen.

Sie mahlt euch, bis ihr weiß wie Mehl seid.

Sie knetet euch, bis ihr biegsam werdet.

Und dann bestimmt sie euch für ihr geheiligtes Feuer, damit ihr heiliges Brot werdet für Gottes heiliges Mahl.

All dies wird die Liebe mit euch tun, auf dass ihr die Geheimnisse eures Herzens kennen lernt und in diesem Wissen ein Teil vom Innersten des Lebens werdet.

Doch wenn ihr in eurer Angst nur den Frieden und die Freuden der Liebe sucht, ist es besser für euch, eure Nacktheit zu bedecken und von der Tenne der Liebe fortzugehen in die Welt ohne Jahreszeiten, wo ihr lachen werdet, jedoch nicht euer ganzes Lachen, und wo ihr weint, ohne all eure Tränen zu vergießen.

Liebe gibt nichts als sich selbst, und sie nimmt nichts als von sich selbst.

Liebe besitzt nicht und lässt sich nicht besitzen.

Denn der Liebe genügt die Liebe.

Wenn ihr liebt, sollt ihr nicht sagen: »Gott ist in meinem Herzen«, sondern: »Ich bin in Gottes Herz.«

Und denkt nicht, ihr könntet den Lauf der Liebe lenken, denn die Liebe lenkt euren Lauf, wenn sie euch für würdig hält.

Liebe kennt keinen anderen Wunsch, als sich selbst zu erfüllen.

Doch wenn ihr liebt und dennoch Wünsche habt, dann sollt ihr euch Folgendes wünschen:

Zu schmelzen und wie ein rieselnder Bach zu sein, welcher der Nacht sein Lied singt.

Den Schmerz von übergroßer Zärtlichkeit zu kennen.

Vom eigenen Verständnis der Liebe verwundet zu sein und willig und voller Freude zu bluten.

Bei Anbruch des Morgens mit beflügeltem Herzen zu erwachen und für den neuen Tag der Liebe Dank zu sagen.

Um die Mittagszeit zu ruhen und dem Rausch der Liebe nachzusinnen.

Mit Dankbarkeit erfüllt am Abend heimzukehren und einzuschlafen mit einem Gebet für den Geliebten im Herzen und einem Lobgesang auf den Lippen.

Über die Ehe

Danach erhob Almitra erneut ihre Stimme und fragte: Und was ist mit der Ehe, Meister?

Und er antwortete und sprach:

Ihr wurdet zusammen geboren, und ihr werdet für immer zusammen sein.

Ihr werdet zusammen sein, wenn die weißen Schwingen des Todes eure Tage zerstieben.

Ja, selbst im stillen Gedenken an Gott werdet ihr eins sein.

Bewahrt euch aber Raum in der Gemeinsamkeit.

Und lasst die Winde des Himmels zwischen euch tanzen.

Liebet einander, doch lasst die Liebe nicht zur Fessel werden:

Lasst sie lieber ein wogendes Meer zwischen den Gestaden eurer Seelen sein.

Füllt einander den Becher, doch trinkt nicht aus demselben Kelch.

Reicht einander von eurem Brot, doch esst nicht vom selben Stück.

Singt und tanzt zusammen und seid fröhlich, doch lasst jeden von euch auch allein sein, so wie die Saiten der Laute für sich sind und doch durch dieselbe Musik zum Schwingen kommen.

Verschenkt eure Herzen, doch gebt sie nicht in des anderen Obhut, denn die Hand des Lebens allein vermag sie zu halten.

Und stellt euch zusammen, jedoch nicht zu nah beieinander, denn auch die Säulen des Tempels stehen einzeln da und Eiche und Zypresse wachsen nicht im gegenseitigen Schatten.

Über die Kinder

UND EINE FRAU, die einen Säugling an der Brust hielt, sagte: Sprich zu uns über die Kinder.

Und er sagte: Eure Kinder sind nicht eure Kinder.

Sie sind die Söhne und Töchter der Sehnsucht des Lebens nach sich selbst.

Sie kommen durch euch, aber nicht von euch.

Und wenngleich sie bei euch sind, gehören sie euch doch nicht.

Ihr dürft ihnen eure Liebe geben, doch nicht eure Gedanken, denn sie haben ihre eigenen.

Ihr dürft ihrem Körper eine Wohnstatt geben, doch nicht ihren Seelen, denn diese wohnen im Haus von morgen, das ihr nicht aufsuchen könnt, nicht einmal in euren Träumen.

Ihr könnt euch bemühen, wie sie zu sein, aber trachtet nicht danach, sie euch gleich zu machen.

Denn das Leben geht weder zurück noch verharrt es im Gestern.

Ihr seid die Bogen, von denen eure Kinder wie lebende Pfeile ausgeschickt werden.

Der Schütze sieht das Ziel auf dem Pfad der Unendlichkeit, und er spannt euch mit seiner Kraft, auf dass seine Pfeile schnell und weit fliegen.

Lasst eure Spannung in der Hand des Schützen auf die Freude zielen, denn so wie er den Pfeil im Fluge liebt, liebt er zugleich den straffen Bogen.

Über das Geben

SODANN SAGTE ein reicher Mann: Sprich zu uns über das Geben.

Und er antwortete: Ihr gebt nur wenig, wenn ihr von eurem Besitz gebt.

Erst wenn ihr von euch selbst gebt, gebt ihr wirklich.

Denn was ist euer Besitz anderes als all das, was ihr hortet und bewacht aus Sorge, ihr könntet es morgen brauchen?

Und morgen, was wird das Morgen dem allzu besorgten Hund bescheren, der im Sand, in dem es keine Spuren gibt, seine Knochen verscharrt, ehe er den Pilgern in die heilige Stadt nachfolgt?

Und was ist die Angst vor der Not anderes als die Not selbst?

Ist nicht die Angst vor Durst, wenn euer Brunnen voll ist, der Durst, der nicht zu löschen ist?

Es gibt Menschen, die von dem vielen, das sie ihr Eigen nennen, wenig geben – und sie geben es der Anerkennung wegen, und ihre Hintergedanken lassen ihre Gaben ungenießbar werden.

Und es gibt solche, die wenig haben, aber alles geben.

Diese sind diejenigen, die an das Leben und an seine Fülle glauben, und ihr Beutel ist niemals leer.

Es gibt solche, die mit Freude geben, und diese Freude ist ihr Lohn.

Und es gibt solche, die mit Schmerzen geben, und dieser Schmerz ist ihre Taufe.

Und es gibt welche, die beim Geben weder Schmerz empfinden noch Freude oder Anerkennung darin suchen.

Sie geben so, wie in dem Tal dort drüben die Myrte ihren Duft weithin verströmt.

Durch solcher Menschen Hand spricht Gott, und durch ihre Augen lächelt er auf die Erde herab.

Es ist gut, auf Bitten hin zu geben, doch besser ist es, man gibt ungebeten, vom Verstehen geleitet.

Denn für den, der gerne gibt, bedeutet die Suche nach einem, der empfangen soll, eine größere Freude als das Geben selbst.

Und warum solltet ihr etwas zurückbehalten wollen?

Alles, was ihr besitzt, wird irgendwann gegeben werden.

Deshalb gebt jetzt, damit die Zeit des Gebens die eure ist und nicht die eurer Erben.

Oft sagt ihr: »Ich möchte gern geben, aber nur dem, der es verdient.«

Die Bäume in euren Gärten kennen solche

Worte nicht und auch nicht die Herden auf euren Weiden.

Sie geben, damit sie leben können, denn etwas zurückzuhalten bedeutet zu Grunde zu gehen.

Gewiss ist derjenige, der würdig ist, seine Tage und Nächte zu empfangen, auch würdig, eure Gaben zu erhalten.

Und der, welcher verdient hat, aus dem Meer des Lebens zu trinken, verdient auch, seinen Becher an eurem Bach zu füllen.

Welch größeres Verdienst gibt es als das, das im Mut liegt und im Vertrauen, ja auch in der Großzügigkeit des Empfangens?

Wer seid ihr denn, dass die Menschen sich die Brust aufreißen und ihren Stolz zeigen sollen, damit ihr sie ihrer Würde entblößt und ihres Ehrgefühls beraubt sehen könnt.

Achtet vor allem darauf, dass ihr selbst es verdient, Gebende zu sein und ein Werkzeug des Gebens.

Denn in Wahrheit ist es das Leben, das dem Leben gibt – während ihr, die ihr euch für Gebende haltet, nichts anderes als Zeugen seid.

Und ihr, die ihr empfangt – und ihr seid alle Empfangende –, belastet euch nicht mit der Bürde der Dankbarkeit, damit ihr euch selbst und dem Gebenden kein Joch auferlegt.

Schwingt euch lieber gemeinsam mit dem Geber auf seinen Gaben empor wie auf Flügeln.

Denn zu viel Dankesschuld zu empfinden hieße, an der Großzügigkeit dessen zu zweifeln, der die freigebige Erde zur Mutter und Gott zum Vater hat.

Über Essen und Trinken

Da sagte ein alter Mann, der Wirt einer Schenke: Sprich zu uns über Essen und Trinken.

Und er sprach: Ich wünschte, ihr könntet vom Duft der Erde leben und wie eine Luftpflanze vom Licht versorgt werden.

Da ihr jedoch töten müsst, um Essen zu haben, und dem Neugeborenen die Milch der Mutter raubt, um euren Durst zu stillen, so tut dies voller Ehrfurcht, und macht aus eurem Tisch einen Altar, auf dem das Reine und Unschuldige von Wald und Feld geopfert wird für das, was im Menschen noch reiner und unschuldiger ist.

Wenn ihr ein Tier tötet, so sprecht zu ihm in eurem Herzen:

»Durch dieselbe Macht, die dich tötet, werde auch ich getötet; und auch ich werde verzehrt werden.

Denn das Gesetz, das dich meiner Hand übergab, wird mich einer noch mächtigeren Hand ausliefern.

Dein Blut und das meine sind nichts anderes als der Saft, von dem sich der Baum des Himmels nährt.«

Und wenn ihr mit den Zähnen einen Apfel zermalmt, so sagt zu ihm in eurem Herzen:

»Deine Samen werden in meinem Körper leben, und deine Knospen von morgen werden in meinem Herzen erblühen.

Dein Wohlgeruch wird mein Atem sein, und gemeinsam wollen wir uns an allen Jahreszeiten erfreuen.«

Und im Herbst, wenn ihr in euren Weingärten die Trauben für die Kelter pflückt, sprecht in eurem Herzen:

»Auch ich bin ein Weinberg, und meine Früchte sollen für die Kelter gesammelt werden.

Und wie neuer Wein werde ich in bleibenden Gefäßen bewahrt.«

Und im Winter, wenn ihr den Wein einschenkt, lasst für jeden Becher ein Lied in eurem Herzen erklingen.

Und in diesem Lied denkt an die Tage des Herbstes zurück, an den Weinberg und an die Kelter.

Über die Arbeit

DANN SAGTE EIN Bauer: Sprich zu uns von der Arbeit.

Und er antwortete und sprach:

Ihr arbeitet, um mit der Erde und ihrer Seele Schritt zu halten.

Denn untätig zu sein bedeutet, den Jahreszeiten entfremdet zu werden und den Lauf des Lebens zu verlassen, das in Erhabenheit und stolzem Gehorsam der Unendlichkeit entgegenzieht.

Wenn ihr arbeitet, seid ihr einer Flöte gleich, durch deren Herz sich das Flüstern der Stunden in Musik verwandelt.

Wer von euch wollte still und stumm wie ein Schilfrohr sein, wenn alles andere im Einklang singt?

Es wurde euch stets erzählt, dass Arbeit ein Fluch und Mühsal ein Unglück sei.

Doch ich sage euch: Wenn ihr arbeitet, erfüllt ihr einen Teil des höchsten Traums der Erde, der euch zugewiesen wurde, als dieser Traum entstand.

Wenn ihr euch Mühsal aufladet, dann liebt ihr das Leben wahrhaftig.

Und durch Arbeit das Leben zu lieben heißt, mit dessen innerstem Geheimnis vertraut zu sein.

Doch wenn ihr in eurem Schmerz die Geburt eine Pein nennt und den Erhalt des Leibes einen Fluch, der auf eurer Stirn geschrieben steht, dann erwidere ich, dass nur der Schweiß das von eurer Stirn wegwaschen wird, was dort geschrieben steht.

Es ist euch auch erzählt worden, das Leben sei Finsternis, und in eurer Schwäche sprecht ihr nach, was die Schwachen sagten.

Und ich sage, dass Leben ohne inneren Drang wahrlich Finsternis bedeutet.

Und aller Drang ist blind, wenn ihm das Wissen fehlt,

alles Wissen ist vergeblich, wenn es an Arbeit mangelt,

alle Arbeit bleibt leer, wenn keine Liebe da ist;

aber wenn ihr mit Liebe arbeitet, dann verbindet ihr euch mit euch selbst und miteinander und mit Gott.

Doch was heißt, mit Liebe arbeiten?

Es heißt, das Gewand mit Fäden zu weben, die aus eurem Herzen gezogen sind, als sollte es euer Geliebter tragen.

Es heißt, ein Haus mit Liebe zu bauen, als sollte es die Wohnung eurer Geliebten sein.

Es heißt, die Saat zärtlich zu säen und die Ernte freudig einzubringen, als wäre die Frucht für eure Geliebte bestimmt.

Es heißt, allem, was man vollbringt, den eigenen Geist einzuhauchen und zu wissen, dass die selig Verstorbenen bei euch sind und euch zusehen.

Oft hörte ich euch sagen, als sprächet ihr im Schlaf: »Derjenige, der mit Marmor arbeitet und im Stein die Form seiner eigenen Seele findet, ist edler als der, der das Erdreich pflügt.

Und der den Regenbogen ergreift, um ihn als Abbild des Menschen auf die Leinwand zu bannen, ist bedeutender als der, der die Sandalen für unsere Füße herstellt.«

Doch ich sage, nicht im Schlaf, sondern hellwach wie in der Mittagszeit, dass der Wind zu den riesigen Eichen nicht süßer spricht als zum geringsten Grashalm.

Und nur der ist groß, der die Stimme des Windes in ein Lied verwandelt, das durch seine Liebe noch süßer wird.

Arbeit ist sichtbar gewordene Liebe.

Und wenn ihr nicht mit Liebe arbeiten könnt, sondern nur mit Widerwillen, ist es besser, die Arbeit sein zu lassen, euch ans Tor des Tempels zu setzen und Almosen von denen anzunehmen, die mit Freude arbeiten.

Denn wenn ihr ohne Freude euer Brot backt, so backt ihr bitteres Brot, das den Hunger der Menschen nur zur Hälfte stillt.

Und wenn ihr eure Trauben mit Widerwillen presst, fließt euer Groll als Gift in euren Wein.

Und wenn ihr auch wie Engel singt, doch in der Stimme keine Liebe habt, verschließt ihr die Ohren der Menschen für die Töne des Tages und die Stimmen der Nacht.

Über Freude und Leid

DANN SPRACH EINE Frau: Rede zu uns über die Freude und das Leid.

Und er antwortete:

Eure Freude ist euer Leid ohne Schleier.

Und derselbe Brunnen, aus dem euer Lachen emporsteigt, war oftmals voll von euren Tränen.

Aber wie könnte es anders sein?

Je tiefer sich das Leid in euer Dasein gräbt, umso mehr Freude vermögt ihr zu fassen.

Ist nicht der Becher, in den ihr euren Wein füllt, derselbe, der in des Töpfers Ofen gebrannt wurde?

Und ist nicht die Laute, die euer Gemüt tröstet, dasselbe Holz, das man mit Messern ausgehöhlt hat?

Wenn ihr voller Freude seid, blickt tief in eure Herzen, und ihr werdet sehen, dass nur das, wodurch ihr Leid erfahren habt, euch auch die Freude schenkt.

Wenn ihr bekümmert seid, blickt abermals in euer Herz, und ihr werdet merken, dass ihr in Wahrheit nur darum weint, was euch Freude bereitet hat.

Einige von euch sagen: »Freude ist größer als Leid«, und andere wieder behaupten: »Nein, das Leid ist größer.«

Ich aber sage euch, beide sind nicht zu trennen.

Sie kommen gemeinsam, und wenn einer allein mit euch am Tisch sitzt, so denkt daran, dass der andere schon in eurem Bett schläft.

Wahrlich, ihr schwankt zwischen Kummer und Freude wie die Schalen einer Waage.

Nur wenn ihr leer seid, steht ihr still und seid im Gleichgewicht.

Nimmt euch der Schatzmeister, um sein Gold und sein Silber zu wiegen, steigt oder fällt die Schale der Freude oder des Leides.

Über die Häuser

DANN TRAT EIN Maurer vor und sagte: Sprich zu uns über Häuser.

Und er antwortete und sprach:

Baut in der Wildnis eine Hütte nach eurer Phantasie, bevor ihr innerhalb der Stadtmauern ein Haus errichtet.

Denn wie ihr im Abendlicht heimkehrt, so auch der Wanderer in euch; der ewig Ferne und Einsame.

Euer Haus ist euer erweiterter Körper.

Es wächst in der Sonne und ruht in der Stille der Nacht; und es bleibt nicht ohne Träume. Träumt euer Haus denn nicht, und verlässt es im Traum nicht die Stadt, um die Haine und Hügel zu suchen?

Könnte ich doch eure Häuser in meiner Hand sammeln und sie wie ein Sämann über Wälder und Wiesen verstreuen!

Wären die Täler doch eure Straßen und die grünen Pfade eure Gassen; dann könntet ihr einander in den Weinbergen aufsuchen und mit dem Duft der Erde in euren Kleidern ankommen.

Doch dieses soll noch nicht sein.

In ihrer Angst hielten euch eure Ahnen zu eng beieinander. Und diese Angst wird noch eine Weile anhalten. Eure Stadtmauern werden eure Herde noch eine Zeit lang von euren Feldern trennen.

Sagt mir, Leute von Orphalese, was habt ihr in diesen Häusern? Und was ist es, das ihr hinter verschlossenen Türen bewacht?

Habt ihr Frieden, das stille Verlangen, das eure Kraft offenbart?

Habt ihr Erinnerungen, jene schimmernden Bögen, die des Geistes Gipfel verbinden?

Habt ihr Schönheit, welche das Herz von den Dingen aus Holz und Stein zum heiligen Berg geleitet?

Sagt mir, habt ihr all dies in euren Häusern?

Oder habt ihr nur Bequemlichkeit darin und das Verlangen nach diesem verschlagenen Wesen, welches das Haus als Gast betritt, sodann zum Gastgeber und schließlich zum Herrn wird?

Ja, die Bequemlichkeit wird euch zähmen, und mit Geißel und Peitsche lässt sie eure erhabenen Wünsche zu Marionetten werden.

Auch wenn ihre Hände aus Seide sind, so ist ihr Herz doch aus Erz.

Sie wiegt euch in den Schlaf, nur um an eurem Bett zu stehen und über die Würde des Fleisches zu spotten.

Sie verhöhnt eure gesunden Sinne und packt sie in Watte ein wie Gefäße, die leicht zerbrechen.

Fürwahr, die Lust nach Bequemlichkeit tötet die Leidenschaft der Seele und schließt sich grinsend dem Leichenzug an.

Doch ihr, Kinder des Alls, ihr Ruhelosen in der Ruhe, ihr werdet nicht in die Falle gehen und euch nicht zähmen lassen.

Euer Haus soll kein Anker sein, sondern ein Mast.

Es soll kein glänzendes Häutchen über einer Wunde sein, sondern ein Lid, welches das Auge beschützt.

Es darf nicht sein, dass ihr eure Flügel falten müsst, um durch die Türen zu kommen, dass ihr euer Haupt beugen müsst, um nicht an die Decke zu stoßen, und dass ihr nicht zu atmen wagt aus Furcht, es könnten die Mauern bersten und zusammenbrechen.

Ihr sollt nicht in Grabkammern wohnen, die von den Toten für die Lebendigen gebaut wurden.

Und wenn euer Haus auch voll Glanz und Herrlichkeit ist, so soll es doch weder euer Geheimnis festhalten noch eure Wünsche abschirmen.

Denn das, was in euch ohne Grenzen ist, wohnt im himmlischen Palast, dessen Tor die Morgennebel und dessen Fenster die Stimmen und die Stille der Nacht sind.

Über die Kleider

UND DER WEBER sagte: Sprich zu uns über die Kleider.

Und er antwortete:

Eure Kleider verbergen viel von eurer Schönheit, doch das, was nicht schön ist, verhüllen sie nicht.

Und obgleich ihr in den Gewändern die persönliche Freiheit sucht, mag es sein, dass sie euch nur als Zaumzeug und Fessel dienen.

Könntet ihr doch der Sonne und dem Wind mit mehr Haut und weniger Stoff entgegentreten!

Denn der Atem des Lebens ist im Sonnenlicht, und seine Hand ist im Wind.

Einige von euch sagen: »Der Nordwind wob die Kleider, die wir tragen.«

Und ich sage: Ja, es war der Nordwind.

Doch sein Webstuhl war die Scham, und die erschlafften Sehnen waren seine Fäden.

Und als die Arbeit fertig war, hat er im Wald gelacht.

Vergesst nicht, dass die Sittsamkeit nur ein Schutz vor den Blicken des Unreinen ist.

Und wenn es keinen Unreinen mehr gibt, wird die Sittsamkeit dann noch mehr sein als eine Fessel und Folter des Geistes?

Und denkt daran, dass es die Erde beglückt, eure nackten Füße zu spüren, und dass es die Winde danach verlangt, mit euren Haaren zu spielen.

Über Kaufen und Verkaufen

UND EIN KAUFMANN sagte: Sprich zu uns über Kaufen und Verkaufen.

Und er antwortete und sprach:

Die Erde überlässt euch ihre Früchte, und ihr werdet keinen Mangel haben, solange ihr eure Hände zu öffnen versteht.

Im Tausch ihrer Gaben werdet ihr Überfluss finden und euch sättigen können.

Doch ohne Liebe, Güte und Gerechtigkeit wird der Tausch die einen dem Neid und die anderen dem Hunger ausliefern.

Wenn ihr Bauern und Fischer und Winzer auf dem Marktplatz die Weber und Töpfer und Gewürzsammler trefft, dann ruft den höchsten Geist der Erde an, dass er in eure Mitte trete, um die Waagen und Rechnungen zu segnen, die Wert gegen Wert abwägen.

Und duldet bei eurem Tauschhandel nicht, dass Leute mit leeren Händen ihre Worte gegen eure Arbeit verkaufen wollen.

Zu solchen Leuten sollt ihr sagen:

»Kommt mit uns auf die Felder oder fahrt mit unseren Brüdern aufs Meer und werft eure Netze aus; denn das Land und das Meer werden euch gegenüber ebenso freigebig sein wie gegen uns.«

Und wenn die Sänger, die Tänzer und die Flötenspieler kommen, dann kauft auch von deren Gaben.

Denn auch sie sammeln Früchte und Weihrauch, und das, was sie bringen, wenn auch aus Tränen gesponnen, ist Kleidung und Nahrung für eure Seele.

Und ehe ihr den Marktplatz verlasst, achtet darauf, dass keiner mit leeren Händen davongeht.

Denn der höchste Geist der Erde wird nicht friedlich auf dem Winde ruhen, solange nicht die Bedürfnisse auch des Geringsten unter euch gestillt sind.

Über Schuld und Sühne

DANN TRAT EINER der Richter der Stadt vor und sagte: Sprich zu uns über Schuld und Sühne.

Und er antwortete und sprach:

Wenn euer Geist auf Wanderschaft geht mit dem Wind, dann geschieht es, dass ihr, alleine und schutzlos, anderen Unrecht tut und somit auch euch selbst.

Und dieses Unrechts wegen müsst ihr ans Tor der Seligen klopfen und geraume Zeit unbeachtet davor warten.

Das Göttliche in euch ist wie das Meer; ewig bleibt es unbefleckt. Und wie der Äther trägt es nur die Beflügelten empor.

Das Göttliche in euch ist auch wie die Sonne; es kennt nicht die Gänge des Maulwurfs und sucht nicht die Höhlen der Schlange.

Es wohnt jedoch nicht nur das Göttliche in euch.

Vieles in euch ist noch Mensch, und vieles ist noch nicht einmal Mensch, sondern ein formloser Zwerg, der auf der Suche nach seinem Erwachen im Nebel schlafwandelt.

Von dem Menschen in euch will ich nun sprechen.

Denn es ist er und nicht das Göttliche in euch, auch nicht der Zwerg im Nebel, der Schuld und Sühne erfährt.

Oftmals schon hörte ich euch über einen, der Böses tut, reden, als sei er keiner von euch, sondern ein Fremder, ein Eindringling in eure Welt.

Doch ich sage euch, ebenso wie der Heilige und der Rechtschaffene sich nicht über das Höchste, das in jedem von euch ist, zu erheben vermag, kann auch der Gottlose und Schwache nicht tiefer fallen als das Niedrigste in euch.

Und wie sich ein einzelnes Blatt nicht verfärbt ohne das stille Wissen des ganzen Baumes, so kann auch der Übeltäter seine Untat nicht ohne die geheime Absicht von euch allen begehen.

Wie in einem Festzug geht ihr dem Göttlichen in euch gemeinsam entgegen.

Ihr seid der Weg und die Wanderer.

Wenn einer von euch fällt, so fällt er für die hinter ihm als Warnung vor dem Stolperstein.

Ja, und er fällt für die, die vor ihm gehen und, obwohl schneller und sicherer schreitend, den hindernden Stein nicht entfernten.

Und dies noch, wenn auch die Worte schwer auf euren Herzen lasten:

Der Ermordete ist nicht ohne Verantwortung für seinen Tod,

und der Beraubte wird nicht schuldlos bestohlen.

Der Gerechte ist nicht ohne Schuld an den Handlungen des Bösen.

Und jener, dessen Hände sauber sind, wird von den Taten des Verbrechers selbst befleckt.

Ja, oft ist der Schuldige das Opfer des Geschädigten, und öfter noch wird der Verurteilte zum Sündenbock für den, der ohne Schuld und Schande ist.

Ihr könnt nicht den Gerechten vom Ungerechten und ihr könnt nicht den Guten vom Bösen trennen.

Denn gemeinsam stehen sie vor der Sonne Angesicht, so wie der schwarze Faden und der weiße zusammengewebt sind.

Und wenn der schwarze Faden reißt, dann muss der Weber den gesamten Stoff besehen und den Webstuhl gleichfalls untersuchen.

Wenn einer von euch die treulose Ehefrau vor Gericht bringt, dann sollte man auch das Herz des Ehemanns auf die Waagschale legen und dessen Seele mit gleichem Maße messen.

Und wer den Übeltäter auspeitschen lassen will, der erforsche zuvor den Geist dessen, dem Unrecht geschah.

Und wenn einer von euch in der Gerechtigkeit Namen strafen und die Axt an den Baum des Bösen legen will, dann soll er auch dessen Wurzeln in Augenschein nehmen.

Und wahrlich, er wird die Wurzeln des Guten und des Bösen entdecken, des Fruchtbaren und des Unfruchtbaren, und allesamt sind sie verflochten im stillen Schoß der Erde.

Ihr Richter, die ihr gerecht sein möchtet: Welches Urteil fällt ihr über jenen, der wohl ehrlich im Fleisch, im Geist jedoch ein Dieb ist?

Mit welcher Strafe belegt ihr den, der im Fleisch erschlägt und im Geiste selbst erschlagen wird?

Und wie verfolgt ihr den, der betrügt und unterdrückt, jedoch selbst ebenso gekränkt und verletzt wurde?

Und wie wollt ihr die bestrafen, deren Reue größer ist als ihre Missetaten?

Ist Reue nicht jene Strafe, die von ebendem Gesetz verhängt wird, dem ihr gerne dienen würdet?

Doch ihr könnt weder dem Schuldlosen Reue auferlegen noch sie vom Herzen des Schuldigen nehmen.

Ungebeten wird sie kommen in der Nacht, damit die Menschen erwachen und sich selber prüfen.

Und wie wollt ihr die Gerechtigkeit verstehen, wenn ihr nicht alle Taten in vollem Licht beseht?

Dann erst werdet ihr wissen, dass der Aufrechte und der Gefallene nichts anderes sind als ein einziger Mensch, der zwischen der Nacht seiner

Kleinheit und dem Tag seiner Göttlichkeit im Dämmerlicht steht, und dass der Eckstein des Tempels nicht höher ist als der niedrigste Stein seiner Grundmauern.

Über die Gesetze

DARAUFHIN SAGTE EIN Rechtsgelehrter: Aber wie steht es um unsere Gesetze, Meister?

Und er antwortete:

Es macht euch Freude, Gesetze zu erlassen, doch noch mehr erfreut es euch, sie zu brechen.

Ihr seid wie Kinder, die am Meer spielen und unermüdlich Sandburgen bauen, um sie alsbald lachend wieder zu zerstören.

Aber während ihr eure Sandburgen errichtet, treibt der Ozean immer mehr Sand an den Strand, und wenn ihr sie dann zerstört, stimmt er in euer Lachen mit ein.

Wahrlich, das Meer lacht stets mit den Unschuldigen.

Doch was ist mit jenen, für die das Leben kein Meer ist und die von Menschen gemachten Gesetze keine Sandburgen sind, sondern für die das Leben ein Fels ist und das Gesetz ein Meißel, mit dem sie es nach ihrem Ebenbild gestalten wollen?

Was ist mit dem Krüppel, der die Tänzer hasst?

Was mit dem Ochsen, der sein Joch schätzt und

den Elch und Hirsch des Waldes für Vagabunden hält?

Was ist mit der alten Schlange, die sich nicht mehr häuten kann und alle anderen nackt und schamlos nennt?

Und was mit dem, der früh zur Hochzeitsfeier kommt und danach übersatt und müde seines Weges geht und sagt, dass alle Feste unrechtmäßig seien und alle Feiernden Gesetzesbrecher?

Was soll ich von ihnen sagen, außer dass auch sie im Licht der Sonne stehen, doch mit dem Rücken zu ihr gewandt?

Sie sehen nur ihren eigenen Schatten, und dieser ist ihr Gesetz.

Und was ist die Sonne für sie anderes als ein Schattenwerfer?

Und was bedeutet die Achtung der Gesetze für sie anderes, als sich zu bücken und ihren Schatten auf der Erde nachzuzeichnen?

Ihr aber, die ihr mit dem Angesicht zur Sonne wandelt, welche auf die Erde gezeichneten Bilder vermögen euch zu halten?

Ihr, die ihr mit dem Winde reist, welche Wetterfahne soll euch den Weg weisen?

Und welches Gesetz soll euch binden, wenn ihr euer Joch zerbrecht, ohne euch an andrer Menschen Kerkertür zu stören?

Welche Gesetze sollt ihr fürchten, wenn ihr tanzt, ohne über andrer Leute Eisenketten zu stolpern?

Wer sollte euch anzeigen, wenn ihr euch die Kleider vom Leibe reißt, ohne sie anderen in den Weg zu legen?

Volk von Orphalese, ihr könnt die Trommel dämpfen und die Saiten der Leier lockern, doch wer kann der Lerche befehlen, ihr Lied nicht zu singen?

Über die Freiheit

Und ein Redner sagte: Sprich zu uns über die Freiheit.

Und er antwortete:

Am Stadttor und an euren Feuerstellen sah ich, wie ihr unterwürfig eure Freiheit angebetet habt wie Sklaven, die sich vor einem Tyrannen in den Staub werfen und ihn preisen, obwohl er sie tötet.

Ja, im Hain des Tempels und im Schatten der Zitadelle habe ich die Freiesten unter euch ihre Freiheit wie ein Joch und wie Handschellen tragen sehen.

Und das Herz in mir blutete; denn nur dann könnt ihr frei sein, wenn selbst der Wunsch, nach Freiheit zu suchen, für euch zum Zügel wird, und wenn ihr davon ablasst, von Freiheit als einem Ziel und einer Erfüllung zu sprechen.

Ihr werdet nicht wirklich frei sein, wenn eure Tage ohne Sorge und eure Nächte ohne Wunsch und ohne Kummer sind, sondern erst dann, wenn all das euch umklammert und ihr dennoch nackt und ungebunden über allem steht.

Und wie wollt ihr euch über die Tage und Nächte erheben, ohne die Ketten zu zerbrechen, mit denen ihr am Morgen eures Verstehens eure Mittagsstunde festgebunden habt?

Wahrlich, was ihr Freiheit nennt, ist die stärkste dieser Ketten, wenn auch ihre Glieder in der Sonne glitzern und eure Augen blenden.

Sind es nicht Teile eures eigenen Selbst, die ihr ablegen wollt, um frei zu werden?

Wenn es ein ungerechtes Gesetz ist, das ihr abschaffen möchtet, dann wurde es von eurer eigenen Hand auf eure Stirn geschrieben.

Ihr könnt euch seiner nicht entledigen, indem ihr eure Gesetzbücher verbrennt oder die Stirn eurer Richter abwascht, selbst wenn ihr das Meer darüber ausgießen würdet.

Wenn es ein Tyrann ist, den ihr zu Fall bringen wollt, achtet vor allem darauf, seinen in euch selbst errichteten Thron zu zerstören.

Denn wie kann ein Tyrann die Freien und Stolzen regieren, außer durch die Tyrannei in ihrer eigenen Freiheit und die Schamlosigkeit ihres Stolzes?

Und wenn es eine Sorge gibt, die ihr los werden wollt, so wurde diese Sorge eher von euch selbst gewählt als euch aufgebürdet.

Und gibt es eine Angst, die ihr vertreiben wollt, so wohnt sie eher in eurem Herzen als in der Hand dessen, den ihr fürchtet.

Wahrlich, all dies umschlingt sich immerzu in euch, das Gefürchtete und das Erhoffte, das Wi-

derwärtige und das Bewunderte, das Abschre-
ckende und das Erstrebte.

All dies bewegt sich in euch wie Licht und Schatten, die sich in Paaren aneinander klammern.

Und wenn der Schatten blass wird und vergeht,
dann wird das Licht, das bleibt, zum Schatten
eines anderen Lichts.

Und ebenso wird eure Freiheit, wenn sie ihre
Fesseln abwirft, selbst wiederum zur Fessel einer
größeren Freiheit.

Über Vernunft
und Leidenschaft

UND ALMITRA, die Priesterin, ergriff erneut das Wort und bat: Sprich zu uns über die Vernunft und die Leidenschaft.

Und er antwortete und sagte:

Oft gleicht eure Seele einem Schlachtfeld, auf dem eure Vernunft und eure Urteilskraft Krieg führen gegen die Leidenschaft und das Verlangen in euch.

Könnte ich doch eurer Seele zum Frieden verhelfen, um den Missklang und die Zwietracht eures Wesens in Einklang und Harmonie zu verwandeln.

Aber wie kann ich das, wenn ihr nicht selbst auch Friedensstifter seid, nein, vielmehr euer ganzes Wesen liebt?

Eure Vernunft und eure Leidenschaft sind das Ruder und die Segel eurer Seele, die auf dem Meer dahinfährt.

Wenn eure Segel reißen oder wenn das Ruder bricht, schlingert ihr dahin und werdet abgetrieben oder kommt auf hoher See zum Stillstand.

Denn wenn Vernunft alleine waltet, wird sie zu einer Macht, die einengt; und bleibt die Leidenschaft unbewacht, wird sie zur Flamme, die sich selbst verbrennt.

Deshalb möge eure Seele den Verstand auf den Gipfel eurer Leidenschaft erheben, damit er singen kann.

Und möge sie mit Verstand eure Leidenschaft lenken, damit sie täglich auferstehe und wie der Phönix aus der eigenen Asche steige.

Ich wollte, ihr sähet eure Urteilskraft und euer Verlangen wie zwei geschätzte Gäste in eurem Hause an.

Ihr würdet den einen Gast gewiss nicht mehr als den anderen ehren; denn wer einen von beiden bevorzugt behandelt, verliert die Zuneigung und das Vertrauen von beiden.

Wenn ihr inmitten der Hügel im kühlen Schatten der weißen Pappeln sitzt, wo ihr den Frieden und die Stille der weiten Felder und Auen erfahrt – dann lasst euer Herz schweigend sagen: »Gott ruht in der Vernunft.«

Und wenn der Sturm aufzieht und der mächtige Wind durch die Bäume fährt und Donner und Blitz von der Erhabenheit des Himmels künden – dann lasst euer Herz in Ehrfurcht sprechen: »Gott regt sich in der Leidenschaft.«

Und weil ihr ein Hauch in Gottes Sphären seid und ein Blatt in seinem Wald, sollt auch ihr in der Vernunft ruhen und euch in der Leidenschaft regen.

Über den Schmerz

UND EINE FRAU bat: Sprich zu uns über den Schmerz.

Und er sagte:

Euer Schmerz ist das Zerbrechen der Schale, die euer Verstehen umschließt.

Wie der Kern der Frucht aufbrechen muss, damit sein Innerstes das Sonnenlicht empfangen kann, so müsst auch ihr den Schmerz erfahren.

Und könntet ihr im Herzen das Staunen über die täglichen Wunder des Lebens bewahren, würde der Schmerz euch nicht weniger wundersam scheinen als eure Freude.

Und ihr würdet die Jahreszeiten eures Herzens gutheißen, so wie ihr stets die Jahreszeiten gutgeheißen habt, die über eure Felder zogen.

Und ihr würdet mit Gelassenheit die Winter eures Kummers überstehen.

Von eurem Schmerz ist vieles selbst gewählt.

Er ist der bittere Trank, mit dem der Arzt in euch das kranke Ich zu heilen sucht.

Deshalb vertraut dem Arzt und trinkt unbesorgt und ruhig seine Medizin.

Denn seine Hand, die ihr als hart und schwer

empfindet, wird von einer sanften unsichtbaren Hand geführt.

Und der Becher, den er euch reicht und der an euren Lippen brennt, wurde aus dem Ton geformt, den des Töpfers heilige Tränen benetzten.

Über die Selbsterkenntnis

Und ein Mann sagte: Sprich zu uns über die Selbsterkenntnis.

Und er antwortete und sprach:

Euer Herz kennt im Stillen die Geheimnisse der Tage und der Nächte. Doch eure Ohren dürsten nach dem Klang des Wissens in eurem Herzen.

Ihr wollt in Worten erfahren, was ihr in Gedanken schon immer wusstet. Mit den Händen wollt ihr nach dem nackten Körper eurer Träume greifen.

Und ihr tut gut daran.

Eurer Seele verborgene Quelle muss emporsteigen und als Bach zum Meere fließen. Und der Schatz eurer unendlichen Tiefen will sich euren Augen offenbaren.

Doch wiegt euren unbekannten Schatz nicht mit Waagschalen und sucht nicht mit Messstab und Lot nach eures Wissens Tiefen.

Denn das Ich ist ein Meer, ohne Grenzen und unermesslich.

Sagt nicht: »Ich habe die Wahrheit gefunden«, sondern lieber: »Ich habe eine Wahrheit gefunden.«

Sagt nicht: »Ich habe den Weg der Seele entdeckt«, sondern lieber: »Ich habe die Seele auf meinem Weg wandelnd getroffen.

Denn die Seele wandelt auf allen Wegen.

Sie wandelt aber nicht auf gerader Bahn, und sie wächst auch nicht wie ein Schilfrohr. Die Seele entfaltet sich selbst wie ein Lotus mit zahllosen Blättern.

Über das Lehren

Danach sagte ein Lehrer: Sprich zu uns über das Lehren.

Und er antwortete: Keiner kann euch etwas offenbaren, was nicht schon im Dämmerdunkel eures Wissens schlummert.

Der Lehrer, der mit seinen Schülern im Schatten des Tempels wandelt, teilt mit ihnen nicht seine Weisheit, sondern vielmehr seinen Glauben und seine Liebe.

Ist er wirklich weise, lädt er euch nicht ein, ins Haus seiner Weisheit einzutreten, sondern er führt euch an die Schwelle eures eignen Denkens.

Der Sternenkundige mag euch von seinem Verständnis des Weltraums erzählen, doch kann er euch sein Verständnis nicht geben.

Der Musiker mag euch vom Rhythmus des Weltalls vorsingen, doch er kann euch nicht das Ohr verleihen, das den Rhythmus aufnimmt, und auch nicht die Stimme, die ihn wiedergibt.

Und wer die Wissenschaft der Zahlen kennt, vermag wohl, euch vom Reich der Maße und Gewichte zu erzählen, doch kann er euch nicht dorthin führen.

Denn die Einsicht eines Menschen leiht ihre Flügel keinem anderen.

Und wie jeder von euch allein in Gottes Wissen ruht, so muss jeder von euch in seiner Erkenntnis Gottes und seinem Verständnis der Erde alleine sein.

Über die Freundschaft

Und ein Jüngling bat: Sprich zu uns über die Freundschaft.

Und er sagte:

Euer Freund ist die Antwort auf eure Bedürfnisse.

Er ist das Feld, das ihr mit Liebe bestellt und von dem ihr mit Dankbarkeit erntet.

Er ist euer Tisch und eure Feuerstelle.

Denn ihr kommt zu ihm, wenn ihr hungert, und ihr sucht den Frieden bei ihm.

Wenn euer Freund frei zu euch spricht, fürchtet ihr weder das Nein in euren Gedanken noch haltet ihr mit dem Ja zurück.

Und wenn er schweigt, lässt euer Herz nicht ab, dem seinen zuzuhören; denn in der Freundschaft werden alle Gedanken, Wünsche und Hoffnungen wortlos geboren und geteilt, mit einer Freude, die keines Beifalls bedarf.

Wenn ihr Abschied nehmt von eurem Freund, dann trauert ihr nicht; denn das, was ihr besonders an ihm liebt, wird durch sein Fernsein klarer, so wie der Berg dem Bergsteiger von der Ebene her klarer erscheint.

ARBO ® GmbH Medizin-Technologie

38002 Braunschweig
Wendenstrasse 2-3 Tel: (05 31) 4 80 88-0
Postfach 12 30 Fax: (05 31) 1 52 31

ARBO ® — alles, was dazu gehört

Und lasst die Freundschaft keinem anderen Zweck dienen als der Vertiefung des Geistes. Denn eine Liebe, die anderes will, als ihr eigenes Geheimnis zu offenbaren, ist keine Liebe, sondern ein ausgeworfenes Netz, mit dem sich bloß Nutzloses fangen lässt.

Und lasst euer Bestes eurem Freund zukommen.

Wenn er mit der Ebbe eurer Gezeiten vertraut sein soll, dann lasst ihn auch die Flut erleben. Denn was für ein Freund wäre er, wenn ihr ihn nur besucht, um die Stunden totzuschlagen?

Sucht ihn vielmehr auf, um die Stunden zum Leben zu erwecken. Denn er ist da, um euch das, was ihr braucht, zu geben, aber nicht um eure Leere auszufüllen.

Und teilt in der Süße der Freundschaft auch das Lachen und die Freuden. Denn im Tau der kleinen Dinge findet das Herz seinen Morgen und wird erquickt.

Über das Reden

DA SAGTE EIN Gelehrter: Sprich zu uns über das Reden.

Und er antwortete:

Ihr redet, wenn ihr nicht mehr in Frieden mit euren Gedanken seid.

Wenn ihr nicht länger in der Abgeschiedenheit eures Herzens verweilen könnt, dann lebt ihr in euren Lippen, und in den Worten sucht ihr Ablenkung und Zeitvertreib.

Und in vielem von dem, was ihr sagt, wird das Denken halbwegs umgebracht.

Denn der Gedanke ist ein Vogel, der des Raumes bedarf; in einem Käfig aus Worten kann er wohl seine Schwingen ausbreiten, aber nicht fliegen.

Es gibt welche unter euch, die aus Angst vor dem Alleinsein den Schwätzer aufsuchen.

Die Stille der Einsamkeit enthüllt ihren Augen ihr nacktes Selbst, dem sie zu entkommen versuchen.

Und es gibt welche, die ohne Wissen oder Vorbedacht reden und dabei eine Wahrheit offenbaren, die sie selbst nicht verstehen.

Und es gibt welche, die tragen die Wahrheit in sich, äußern sie aber nicht mit Worten.

In der Brust solcher Menschen wohnt der Geist in ausgewogener Stille.

Wenn ihr euren Freund auf der Straße oder auf dem Marktplatz trefft, dann lasst den Geist in euch eure Lippen bewegen und eure Zunge leiten.

Lasst die Stimme in eurer Stimme ins Ohr seines Ohres sprechen. Denn seine Seele wird die Wahrheit eures Herzens bewahren, so wie man sich an den Geschmack des Weins erinnert, auch wenn seine Farbe vergessen und der Krug nicht mehr da ist.

Über die Zeit

Und ein Sternenkundiger fragte: Meister, was ist mit der Zeit?

Und er antwortete:

Ihr wollt die maßlose und unermessliche Zeit messen.

Nach Stunden und nach Jahreszeiten wollt ihr euren Lebenswandel lenken und selbst den Lauf des Geistes danach richten.

Ihr wollt aus der Zeit einen Strom machen, um an seinem Ufer zu sitzen und zuzusehen, wie er fließt.

Doch das Zeitlose in euch ist sich der Zeitlosigkeit des Lebens bewusst und weiß, dass das Gestern nur die Erinnerung des Heute ist und das Morgen dessen Traum.

Und es weiß auch, dass das, was in euch singt und sinnt, noch immer in den Grenzen jenes ersten Augenblicks verweilt, der die Sterne in das Weltall streute.

Wer von euch fühlte nicht, dass seine Kraft zu lieben ohne Grenzen ist?

Und dennoch, wer spürt nicht, dass ebendiese Liebe, wenn auch grenzenlos, in seines Daseins

Mitte eingeschlossen ist und nicht von einem Liebesgedanken zum anderen und von einer Liebestat zur nächsten weiterzieht?

Und ist die Zeit nicht wie die Liebe ungeteilt und ohne abgezählten Schritt?

Doch wenn ihr sie in eurem Denken nach Jahreszeiten messen müsst, dann lasst eine jede alle anderen umfassen.

Und lasst das Heute die Vergangenheit mit der Erinnerung umfangen und die Zukunft mit der Sehnsucht.

Über das Gute und das Böse

UND EINER DER Ältesten der Stadt sagte: Sprich zu uns über das Gute und das Böse.

Und er antwortete: Über das Gute in euch vermag ich zu sprechen, jedoch nicht über das Böse.

Denn was ist das Böse anderes als das Gute, das von seinem eigenen Hunger und Durst gequält wird?

Wahrlich, wenn das Gute hungrig ist, sucht es sogar in dunklen Höhlen Nahrung, und wenn es dürstet, trinkt es auch aus toten Gewässern.

Ihr seid gut, wenn ihr mit euch selbst eins seid.

Seid ihr aber nicht mit euch eins, seid ihr dennoch nicht böse. Denn ein geteiltes Haus ist noch keine Räuberhöhle, es ist nur ein geteiltes Haus.

Und ein steuerloses Schiff kann zwischen gefährlichen Inseln ziellos dahintreiben, ohne auf Grund zu laufen.

Ihr seid gut, wenn ihr euch bemüht, von euch selbst zu geben.

Aber ihr seid nicht böse, wenn ihr für euch selbst etwas gewinnen wollt. Denn wenn ihr nach Gewinn strebt, seid ihr nichts als eine Wurzel, die sich an die Erde klammert, um an ihrer Brust zu saugen.

Freilich kann die Frucht nicht zu der Wurzel sagen: »Sei wie ich, reif und voll, und gib stets von deinem Überfluss.« Denn für die Frucht ist das Geben unerlässlich, so wie das Empfangen für die Wurzel unerlässlich ist.

Ihr seid gut, wenn ihr hellwach in eurer Rede seid.

Ihr seid jedoch nicht böse, wenn ihr schlaft und eure Zunge ziellos sammelt. Und selbst das stockende Sprechen kann eine schwache Zunge stärken.

Ihr seid gut, wenn ihr mit festen und mutigen Schritten auf euer Ziel zugeht.

Ihr seid jedoch nicht böse, wenn ihr ihm entgegenhinkt. Denn selbst der Hinkende geht nicht rückwärts.

Aber ihr, die ihr stark und schnell seid, gebt Acht, dass ihr nicht vor dem Lahmen hinkt und dies als Freundlichkeit anseht.

Ihr seid auf zahllose Weisen gut, und ihr seid nicht böse, wenn ihr nicht gut seid. Ihr seid nur bequem und faul.

Schade, dass die Hirsche den Schildkröten nicht die Schnelligkeit beibringen können.

In eurem Sehnen nach dem höchsten Selbst liegt eure Tugend; und in jedem von euch gibt es dieses Verlangen.

In einigen jedoch ist es ein reißender Strom, der mit Macht zum Meere eilt und das Geheimnis der Berge und die Lieder des Waldes mit sich trägt.

In anderen aber ist es ein flacher Strom, der sich in vielen Windungen verliert und lange braucht, bevor er die Küste erreicht.

Aber jener, der viel ersehnt, sage nicht zu dem, der wenig begehrt: »Weshalb bist du so langsam und zaghaft?« Denn der wahrhaft Gute fragt nicht den Nackten: »Wo sind deine Kleider?«, und auch nicht den Obdachlosen: »Was ist mit deinem Haus geschehen?«

Über das Beten

EINE PRIESTERIN sagte: Sprich zu uns über das Beten.

Und er antwortete: Ihr betet in eurer Bedrängnis und Not; würdet ihr doch auch in der Fülle eurer Freude und in den Tagen des Überflusses beten.

Denn was ist ein Gebet anderes als die Erweiterung von euch selbst in den lebendigen Himmel hinein?

So wie es euch zum Trost gereicht, die Dunkelheit in euch in den Weltraum zu ergießen, so soll es euch auch eine Wonne sein, die Morgenröte eures Herzens dorthin zu verströmen.

Und wenn ihr nichts anderes als weinen könnt, wenn eure Seele euch zum Beten ruft, sollte sie euch trotz eurer Tränen so lange zum Beten antreiben, bis ihr lacht.

Wenn ihr betet, erhebt ihr euch, um im Himmelsraum diejenigen zu treffen, die zur selben Stunde beten und denen ihr außer im Gebet nicht begegnen könnt.

Lasst deshalb den Besuch in diesem unsichtbaren Tempel allein der Verzückung und der seligen Gemeinschaft dienen.

Doch solltet ihr ihn nur betreten, um etwas zu erbitten, werdet ihr nicht empfangen. Und wenn ihr ihn aufsuchen solltet, um euch zu erniedrigen, werdet ihr nicht erhöht.

Selbst wenn ihr ihn nur betreten wollt, um für das Wohl von anderen zu bitten, werdet ihr nicht erhört. Es genügt, dass ihr den unsichtbaren Tempel betretet.

Ich weiß nicht, wie ich euch lehren soll, mit Worten zu beten. Gott achtet nicht auf sie, es sei denn, er selbst äußert sie durch eure Lippen. Und ich vermag nicht, euch das Gebet der Meere, der Wälder und der Berge zu lehren.

Ihr aber, Kinder der Berge, Wälder und Meere, könnt deren Gebet in eurem Herzen finden. Und wenn ihr in der Stille der Nacht auf ihr Schweigen lauscht, werdet ihr sie sagen hören:

»O Gott, der du unser beflügeltes Selbst bist, es ist dein Wille in uns, der will.

Es ist dein Verlangen in uns, das verlangt. Es ist dein Drängen in uns, das unsere Nächte, die dir gehören, in Tage verwandelt, die gleichfalls dein sind.

Wir können dich um nichts bitten, denn du kennst unsere Wünsche, bevor sie in uns geboren werden.

Du bist das, was wir brauchen; und indem du uns mehr von dir gibst, schenkst du uns alles.«

Über das Vergnügen

DANN TRAT EIN Einsiedler vor, der die Stadt nur einmal im Jahr aufsuchte, und sagte: Sprich zu uns über das Vergnügen.

Und er antwortete und sprach:
Vergnügen ist ein Lied der Freiheit,
doch ist es nicht die Freiheit selbst.
Es ist das Erblühen eurer Wünsche,
jedoch nicht ihre Frucht.
Es ist eine Tiefe, die nach der Höhe ruft,
aber es ist weder das Hohe noch das Tiefe.
Es ist das Eingesperrte, das sich aufschwingen will,
doch es ist nicht der freie Raum selbst.

Ja, ganz gewiss ist Vergnügen ein Lied der Freiheit, und ich wünschte, ihr würdet es aus vollem Herzen singen; doch solltet ihr das Herz dabei nicht verlieren.

Einige unter der Jugend suchen das Vergnügen, als bedeutete es alles, und sie werden deshalb getadelt und verurteilt.

Ich würde sie weder tadeln noch verurteilen. Ich würde sie suchen lassen. Denn sie werden Vergnügen finden, aber es wird nicht allein sein.

Es hat nämlich sieben Schwestern, und die Geringste von ihnen ist schöner als das Vergnügen selbst.

Hörtet ihr nicht von dem Mann, der in der Erde nach Wurzeln grub und einen Schatz fand?

Und manche Ältere unter euch denken an Vergnügungen mit Bedauern wie an Untaten zurück, die sie in Trunkenheit begingen.

Doch das Bedauern ist eine Vernebelung des Geistes und nicht seine Läuterung.

Sie sollten sich dankbar an ihre Vergnügungen erinnern so wie an die Ernte eines Sommers.

Doch wenn ihr Bedauern sie tröstet, so lasst ihnen den Trost.

Und es gibt welche unter euch, die weder jung genug für die Suche nach Vergnügen noch alt genug für die Erinnerung sind; und in ihrer Furcht vor Suche und Erinnerung meiden sie alle Vergnügungen, um den Geist nicht herabzusetzen oder ihn zu verletzen.

Doch sogar ihr Verzicht bereitet ihnen Vergnügen. Und so finden auch sie einen Schatz, selbst wenn sie mit zitternden Händen nach Wurzeln graben.

Doch sagt mir, wer wohl im Stande ist, den Geist zu verletzen? Verletzt die Nachtigall die Stille der Nacht oder das Glühwürmchen die Sterne? Und wird eure Flamme oder euer Rauch dem Wind eine Last sein? Glaubt ihr, der Geist sei ein stiller

Tümpel, den man mit einem Stock aufwirbeln kann?

Wenn ihr euch ein Vergnügen versagt, verlagert ihr oft nur das Verlangen danach in die dunkelsten Winkel eures Seins. Wer weiß, ob nicht das, was heute als Unterlassung erscheint, auf morgen wartet?

Selbst euer Körper kennt sein Erbe und seine berechtigten Bedürfnisse und will nicht betrogen werden.

Und euer Körper ist die Harfe eurer Seele. Es liegt bei euch, ob ihr ihm süße Musik oder verworrene Töne entlockt.

Und nun fragt ihr in eurem Herzen: »Wie sollen wir das, was am Vergnügen gut ist, von dem unterscheiden, was nicht gut ist?«

Geht auf eure Felder und in eure Gärten, und ihr werdet lernen, dass es der Biene Vergnügen macht, aus der Blume den Honig zu sammeln.

Doch auch für die Blume ist es ein Vergnügen, der Biene ihren Honig zu schenken. Denn für die Biene ist die Blume ein Quell des Lebens, und für die Blume ist die Biene ein Bote der Liebe. Und für beide, Biene und Blume, bedeutet das Schenken und Empfangen von Vergnügen zugleich Freude und Bedürfnis.

Leute von Orphalese, seid bei euren Vergnügungen den Blumen und den Bienen gleich.

Über die Schönheit

UND EIN DICHTER sagte: Sprich zu uns über die Schönheit.

Und er antwortete:

Wo wollt ihr Schönheit suchen und wie wollt ihr sie finden, wenn sie nicht selbst euer Weg und euer Führer ist?

Und wie wollt ihr von ihr sprechen, wenn sie nicht selbst eure Rede webt?

Die Verletzten und Enttäuschten sagen: »Schönheit ist freundlich und sanft. Wie eine junge Mutter, noch ein wenig scheu wegen ihrer eigenen Herrlichkeit, wandelt sie unter uns.«

Und die Leidenschaftlichen sagen: »Nein, Schönheit ist ein Wesen voll Macht und Schrecken. Wie der Sturm schüttelt sie die Erde unter uns und den Himmel darüber.«

Die Müden und Erschöpften sagen: »Schönheit ist ein sanftes Flüstern. Sie äußert sich in unserem Geist. Ihre Stimme fügt sich in unsere Stille ein gleich einem matten Licht, das ängstlich vor dem Schatten zittert.«

Doch die Ruhelosen sagen: »Wir haben in den Bergen ihren Ruf gehört, und dabei war Hufestampfen, Flügelschlagen und das Gebrüll von Löwen zu vernehmen.«

Nachts sagen die Wächter der Stadt: »Die Schönheit wird sich mit der Morgenröte von Osten her erheben.«

Und um die Mittagszeit sagen die Arbeiter und die Wandersleute: »Wir haben gesehen, wie sie sich aus den Fenstern der Abendröte über die Erde neigte.«

Im Winter sagen die Eingeschneiten: »Sie wird mit dem Frühling kommen und über die Hügel springen.«

Und in der Hitze des Sommers sagen die Schnitter: »Wir haben sie mit den Herbstblättern tanzen sehen, und Schnee wehte durch ihr Haar.«

All dies habt ihr über die Schönheit gesagt.

Aber in Wahrheit spracht ihr nicht von ihr, sondern von Bedürfnissen, die nicht erfüllt sind.

Doch Schönheit ist kein Bedürfnis, sondern Ekstase.

Sie ist kein dürstender Mund und keine ausgestreckte leere Hand, sondern eher ein flammendes Herz und eine verzauberte Seele.

Sie ist weder das Bild, das ihr zu sehen wünscht, noch das Lied, das ihr hören wollt.

Sie ist vielmehr ein Bild, das ihr auch mit geschlossenen Augen seht, und ein Lied, das ihr mit verstopften Ohren hört.

Sie ist weder der Saft in der rissigen Rinde noch ein Flügel an einer Klaue, sondern vielmehr ein Garten in ständiger Blüte und eine Schar Engel in ständigem Flug.

Leute von Orphalese, Schönheit ist Leben, wenn es sein heiliges Antlitz enthüllt. Doch ihr seid das Leben, und ihr seid der Schleier.

Schönheit ist Ewigkeit, die sich im Spiegel betrachtet. Doch ihr seid die Ewigkeit, und ihr seid der Spiegel.

Über die Religion

UND EIN ALTER Priester sagte: Sprich zu uns über die Religion.

Und er sagte: Habe ich denn heute von etwas anderem gesprochen?

Ist nicht alles Tun und Sinnen Religion, und auch das, was weder Tun noch Sinnen ist, sondern ein Wundern und Erstaunen, das immerzu der Seele entströmt, selbst während die Hände den Stein behauen oder den Webstuhl bedienen?

Wer vermag seinen Glauben von seinen Taten zu trennen oder sein Bekenntnis von seinem Beruf?

Wer kann seine Stunden vor sich ausbreiten und sagen: »Diese ist für Gott und diese hier für mich; diese ist für meine Seele und diese hier für meinen Körper.«

All eure Stunden sind Flügelschläge, die den Raum von Ich zu Ich durchqueren.

Wer seine Tugend nur wie sein bestes Kleid trägt, sollte lieber nackt gehen. Wind und Sonne werden seine Haut nicht durchlöchern.

Und wer seinen Lebenswandel auf die Moral gründet, sperrt seinen Singvogel in einen Käfig. Das freieste Lied dringt nicht durch Gitter und Draht.

Und wer die Andacht als ein Fenster ansieht, das man nach Belieben öffnet und schließt, hat das Haus seiner Seele noch nicht gefunden, dessen Fenster von einer Morgendämmerung zur andern offen stehen.

Euer tägliches Leben ist euer Tempel und eure Religion. Wann immer ihr ihn betretet, nehmt alles mit, was ihr habt. Nehmt den Pflug und den Amboss, den Hammer und die Laute mit, die Dinge, die ihr euch zum Nutzen oder zur Freude geschaffen habt.

Denn in eurer Andacht könnt ihr nicht höher aufsteigen als eure Werke und nicht tiefer fallen als eure Fehlschläge.

Und nehmt auch alle Menschen mit: Denn in eurer Anbetung könnt ihr nicht höher fliegen als ihre Hoffnungen und nicht tiefer sinken als ihre Verzweiflung.

Selbst wenn ihr Gott erkennen würdet, hättet ihr das Rätsel nicht gelöst.

Blickt lieber um euch, und ihr werdet ihn mit euren Kindern spielen sehen.

Und schaut in das All; ihr werdet sehen, wie er auf einer Wolke wandelt, während er seine Arme im Blitz ausstreckt und mit dem Regen herabsteigt.

Ihr werdet sehen, wie er in den Blumen lächelt und aufsteigt und aus den Bäumen winkt.

Über den Tod

Dann sprach Almitra: Wir möchten nun
über den Tod hören.

Und er sprach:

Ihr wollt das Geheimnis des Todes ergründen.
Aber wie wollt ihr es finden, wenn ihr nicht im
Herzen des Lebens danach sucht?

Die Eule, deren Augen an die Nacht gewöhnt,
aber am Tage blind sind, kann das Geheimnis des
Lichts nicht enthüllen.

Wenn ihr wirklich den Geist des Todes schauen
wollt, dann öffnet eure Herzen weit für den Leib
des Lebens. Denn Leben und Tod sind eins, wie
der Fluss und das Meer eins sind.

In der Tiefe eures Hoffens und Sehnens liegt
euer stummes Wissen vom Jenseits; und euer Herz
träumt vom Frühling wie die Saat unter dem
Schnee.

Vertraut euren Träumen, denn in ihnen ist das
Tor zur Ewigkeit verborgen.

Eure Furcht vor dem Tod ist nur das Zittern des
Hirten, wenn er vor dem König steht, der ihm die
Hand auflegen wird, um ihn zu ehren.

Ist der Hirte trotz seines Zitterns nicht voller

Freude, dass er das Zeichen des Königs tragen darf? Und spürt er nicht sein Zittern umso mehr?

Denn was ist Sterben anderes, als nackt im Winde zu stehen und in der Sonne zu schmelzen?

Und was heißt der letzte Atemzug denn anderes, als den Atem von seinem ruhelosen Auf und Ab zu befreien, damit er emporsteigen, sich entfalten und unbehindert nach Gott suchen kann?

Erst wenn ihr aus dem Fluss der Stille trinkt, werdet ihr wahrhaft siegen. Und wenn ihr den Gipfel des Berges erreicht habt, beginnt erst der Aufstieg. Und wenn die Erde eure Glieder zurückfordert, dann werdet ihr wahrhaft tanzen.

Der Abschied

ABEND WAR es geworden.

Und Almitra, die Seherin, sagte: Gesegnet sei dieser Tag und dieser Ort und dein Geist, der zu uns sprach.

Und er antwortete: War ich der Redner? War ich nicht auch ein Zuhörer?

Dann stieg er die Stufen des Tempels hinab, und alle folgten ihm. Und er kam zu seinem Schiff und stellte sich auf das Deck.

Noch einmal wandte er sich den Menschen zu, erhob seine Stimme und sprach:

Leute von Orphalese, der Wind heißt mich euch verlassen. Auch wenn ich weniger in Eile bin als der Wind, muss ich doch gehen.

Wir Wanderer, die wir immer den einsameren Weg suchen, beginnen keinen Tag dort, wo wir den letzten beendet haben; und wenn die Sonne aufgeht, findet sie uns niemals dort, wo sie uns am Abend verließ.

Selbst wenn die Erde schläft, sind wir auf Wanderschaft. Wir sind die Samen einer zähen Pflanze; in der Reife und Fülle des Herzens sind wir dem Wind preisgegeben und werden verstreut.

Meine Tage bei euch waren kurz, und kürzer noch waren die Worte, die ich gesprochen habe.

Doch sollte meine Stimme in euren Ohren verklingen und meine Liebe aus eurer Erinnerung schwinden, werde ich wiederkommen. Und ich werde mit reicherem Herzen sprechen und mit Lippen, die dem Geist noch williger folgen.

Ja, ich werde wiederkehren mit der Flut, und mag auch der Tod mich verbergen und das größere Schweigen mich einhüllen, werde ich dennoch euer Verstehen wieder suchen.

Und meine Suche wird nicht vergebens sein.

Wenn etwas von dem, was ich sage, wahr ist, dann wird diese Wahrheit sich mit klarerer Stimme offenbaren und mit Worten, die euren Gedanken vertrauter sind.

Ich ziehe mit dem Wind, Leute von Orphalese, jedoch nicht hinab ins Leere.

Und war dieser Tag nicht die Erfüllung eurer Wünsche und meiner Liebe, dann lasst ihn eine Verheißung für einen anderen Tag sein.

Die Bedürfnisse des Menschen ändern sich, doch seine Liebe nicht, und auch nicht sein Wunsch, dass die Liebe seine Bedürfnisse stillen möge.

Deshalb wisst, dass ich aus dem größeren Schweigen zurückkehren werde.

Der Nebel, der sich im Morgenrot lichtet und

nur Tau auf den Feldern zurücklässt, wird aufsteigen und sich zur Wolke sammeln, um dann als Regen niederzufallen.

Ich war dem Nebel ähnlich. In der Stille der Nacht ging ich durch eure Straßen, und mein Geist betrat eure Häuser. Und eure Herzschläge drangen in mein Herz, und euer Atem legte sich auf mein Antlitz, und ich erkannte euch alle.

Ja, ich erkannte eure Freude und euren Schmerz, und in eurem Schlaf waren eure Träume die meinen.

Und oftmals war ich ein See unter euch inmitten der Berge; ich spiegelte eure Gipfel und die steilen Abhänge und selbst die vorbeiziehenden Herden eurer Gedanken und Wünsche.

Und in mein Schweigen hinein drang in Bächen das Lachen eurer Kinder und in Strömen die Sehnsucht eurer Jugend. Und wenn sie meine Tiefe erreichten, fuhren die Bäche und Ströme fort zu singen.

Doch Süßeres noch als Lachen und Größeres als Sehnsucht kam zu mir.

Es war das Grenzenlose in euch, der unermessliche Mensch, von dem ihr alle nur die Zellen und die Sehnen seid und in dessen Gesang all euer Singen nur ein tonloses Klopfen ist.

In diesem unermesslichen Menschen seid auch ihr unermesslich. Und indem ich ihn anschaute, sah ich euch und liebte euch.

Denn in welche Entfernungen kann Liebe reichen, die nicht in dieser unermesslichen Sphäre liegen? Welche Visionen, Erwartungen und Hoffnungen können diesen Flug übersteigen?

Einer mit Apfelblüten bedeckten riesigen Eiche gleicht dieser unermessliche Mensch in euch. Seine Macht bindet euch an die Erde, sein Duft erhebt euch ins All, und in seiner Beständigkeit seid ihr unsterblich.

Es wurde euch gesagt, dass ihr, gleich einer Kette, so schwach seid wie euer schwächste Glied. Doch dies ist nur die halbe Wahrheit: Ihr seid auch so stark wie euer stärkstes Glied.

Euch an eurer geringsten Tat zu messen hieße, die Kraft des Meeres am Zerfall seiner Gischt abzuschätzen. Euch nach euren Fehlschlägen zu beurteilen hieße, den Jahreszeiten ihre Unbeständigkeit vorzuwerfen.

Ja, ihr seid wie ein Ozean, und obwohl festliegende Schiffe die Flut an euren Küsten erwarten, könnt ihr diese nicht zur Eile anspornen.

Und ihr seid auch wie die Jahreszeiten. Denn obwohl ihr in eurem Winter den Frühling verleugnet, ruht er in euch, lächelt schlaftrunken und ist nicht verstimmt.

Denkt nicht, ich verkündige dies, damit der eine zum anderen sage: »Er lobte uns sehr. Es sah nur das Gute in uns.«

Ich spreche zu euch in Worten nur davon, was ihr in Gedanken selbst bereits wisst. Und was ist Wissen in Worten anderes als ein Schatten von wortlosem Wissen?

Eure Gedanken und meine Worte sind Wellen einer versiegelten Erinnerung, in der unser Gestern verzeichnet ist und die alten Tage, als die Erde weder uns noch sich selbst kannte, und die Nächte, in denen sie aufgewühlt und verwirrt war.

Weise Männer sind zu euch gekommen, um euch von ihrer Weisheit zu geben. Ich kam, um von eurer Weisheit zu nehmen.

Und seht, ich fand etwas, was größer als Weisheit ist.

Es lebt ein flammender Geist in euch, der sich ausdehnt und wächst, während ihr, auf sein Wachsen nicht achtend, über das Schwinden eurer Tage klagt.

Es ist das Leben, das nach Leben sucht in Leibern, die das Grab fürchten.

Hier gibt es keine Gräber. Diese Berge und Ebenen sind eine Wiege und ein Übergang.

Wann immer ihr an dem Feld vorbeigeht, in das ihr eure Ahnen legtet, blickt genau hin, und ihr werdet euch mit euren Kindern Hand in Hand dort tanzen sehen. Wahrlich, oft seid ihr fröhlich, ohne es zu merken.

Andere kamen zu euch, die euch in eurer Gutgläubigkeit goldene Versprechungen machten, und ihr gabt ihnen dafür Reichtum, Macht und Ruhm.

Ich habe weniger als ein Versprechen gegeben, und dennoch wart ihr noch großzügiger zu mir. Ihr gabt mir meinen tieferen Durst nach Leben.

Es gibt für einen Menschen gewiss kein größeres Geschenk als das, was all seine Ziele in brennende Lippen und alles Leben in eine Quelle verwandelt.

Und darin liegen meine Ehre und mein Lohn, dass ich, wann immer ich zur Quelle komme, um aus ihr zu trinken, das lebendige Wasser selber dürstend finde; und während ich trinke, trinkt es mich.

Manche von euch hielten mich für stolz und zu scheu, um Geschenke anzunehmen. Ich bin in der Tat zu stolz, um Lohn zu empfangen, doch nicht, um Geschenke anzunehmen.

Ich aß lieber Beeren in den Bergen, als ihr mich an euren Tisch gebeten hattet, und schlief unter den Säulen des Tempels, als ihr mich unter euer Dach aufnehmen wolltet.

Doch war es nicht eure liebevolle Sorge um meine Tage und Nächte, die meinem Mund die Speise versüßte und meinen Schlaf mit Traumbildern umrankte?

Dafür segne ich euch am meisten: Ihr gebt viel, ohne zu wissen, dass ihr gebt.

Wahrlich, die Güte, die sich im Spiegel selbst betrachtet, wird zu Stein, und eine gute Tat, die sich selbst zärtliche Namen gibt, setzt einen Fluch in die Welt.

Und manche von euch nannten mich unnahbar und von der eigenen Einsamkeit berauscht. Und ihr sagtet: »Er hält Rat mit den Bäumen, aber nicht mit den Menschen. Er sitzt allein auf den Gipfeln der Berge und blickt auf unsere Stadt herab.«
Es ist wahr, dass ich die Berge erklomm und in der Ferne wanderte. Wie hätte ich euch denn sehen können, wenn nicht aus großer Höhe oder aus weiter Ferne? Wie kann man wirklich nahe sein, wenn man nicht fern ist?
Und andere unter euch hörte ich wortlos rufen:
»Fremder, Fremder, der du die entlegenen Höhen liebst, weshalb wohnst du auf den Gipfeln, wo die Adler ihre Nester bauen? Weshalb suchst du das Unerreichbare? Welche Stürme möchtest du in deinem Netz fangen, und welche Nebelgebilde jagst du am Himmel? Komm und sei einer von uns. Steige herab und stille mit unserem Brot deinen Hunger und lösche mit unserem Wein deinen Durst.«
In der Einsamkeit ihrer Seelen sprachen sie solche Worte. Doch wäre ihre Einsamkeit tiefer gewesen, hätten sie gewusst, dass ich nichts anderes suchte als das Geheimnis eurer Freuden und Lei-

den und nichts anderes jagte als euer größeres Selbst, das den Himmel durchwandert.

Doch war der Jäger auch der Gejagte. Denn viele meiner Pfeile schnellten vom Bogen, nur um meine eigene Brust zu treffen.

Und der Fliegende war auch der Kriechende. Denn als ich meine Schwingen in der Sonne ausbreitete, war ihr Schatten auf der Erde eine Schildkröte.

Und ich, der Gläubige, war auch der Zweifler; denn oft legte ich meinen Finger in die eigene Wunde, um noch fester an euch zu glauben und noch mehr über euch zu wissen.

Und mit diesem Glauben und Wissen sage ich:

Ihr seid nicht in eurem Körper gefangen und nicht begrenzt von euren Häusern und Feldern. Das, was ihr seid, wohnt über den Bergen und streift mit dem Wind umher.

Es ist nichts, das in die Sonne kriecht, um sich zu wärmen, oder sich in dunkle Höhlen vergräbt, um sich zu schützen. Es ist etwas Freies, ein Geist, der die Erde umfasst und die Lüfte durchfährt.

Wenn diese Worte euch unklar erscheinen, versucht nicht, sie zu klären. Unklar und nebelhaft ist der Beginn aller Dinge, doch nicht ihr Ende, und ich wünschte, ihr würdet euch meiner als einen Anfang erinnern. Das Leben und alles, was lebt, ist im Nebel empfangen und nicht im Kristall. Und wer weiß, ob der Kristall nicht ein erstarrter Nebel ist?

Ich möchte, dass ihr dieses in Erinnerung an mich im Gedächtnis bewahrt:

Was am schwächsten und am verwirrtesten in euch zu sein scheint, ist das Stärkste und Festeste.

Ist es nicht euer Atem, der den Bau eurer Knochen wirkte und gefestigt hat? Und ist es nicht ein von euch allen vergessener Traum, der diese Stadt erbaute und alles schuf, was sich in ihr befindet?

Könntet ihr das Strömen dieses Atems sehen, ihr würdet nichts anderes mehr sehen. Und könntet ihr das Flüstern des Traums vernehmen, ihr würdet nichts anderes mehr hören.

Doch ihr seht nicht und hört nicht, und das ist gut. Den Schleier, der eure Augen bedeckt, werden die Hände dessen aufheben, der ihn webte, und den Lehm, der eure Ohren verstopft, werden die Finger dessen, der ihn knetete, durchbohren.

Ihr werdet sehen, und ihr werdet hören. Doch ihr werdet nicht beklagen, dass ihr blind wart, und nicht bedauern, dass ihr taub wart. Denn an jenem Tag werdet ihr den verborgenen Sinn in allen Dingen erkennen, und ihr werdet die Dunkelheit ebenso preisen wie das Licht.

Als er das gesagt hatte, schaute er sich um und sah den Lotsen seines Schiffes am Ruder stehen und bald auf die Segel, bald in die Ferne blicken.

Und er sagte:

Geduldig, allzu geduldig ist der Steuermann meines Schiffes. Der Wind bläst, und rastlos flattern die Segel; sogar das Ruder bettelt um Befehle. Doch schweigend wartet der Kapitän auf das Ende meiner Rede. Und die Seeleute, die den Ruf des weiten Meeres schon vernommen haben, hörten mir gleichfalls geduldig zu. Sie sollen nun nicht länger warten.

Ich bin bereit.

Der Fluss hat das Meer erreicht, und wieder drückt die große Mutter ihren Sohn an die Brust.

Lebt wohl, Leute von Orphalese.

Der Tag geht zu Ende. Er schließt sich über uns, wie sich die Wasserlilie bis zum nächsten Morgen schließt.

Was uns hier gegeben wurde, werden wir bewahren. Und wenn es nicht genügt, dann müssen wir uns wieder treffen und gemeinsam unsere Hände dem Geber entgegenstrecken.

Vergesst nicht: Ich werde wiederkehren. Nur eine kleine Weile, und meine Sehnsucht wird Staub und Schaum für einen neuen Körper sammeln.

Nur eine kleine Weile, ein Augenblick der Ruhe auf dem Wind, und eine andere Frau wird mir das Leben wieder schenken.

Lebt wohl, ihr und die Jugendzeit, die ich bei euch verbrachte. Erst gestern war es, dass wir uns in einem Traum begegneten. Ihr habt euer Lied in meine Einsamkeit gesandt, und ich habe aus eurer Sehnsucht einen Turm in den Himmel gebaut.

Doch nun ist unser Schlaf entschwunden, unser Traum vorüber, und die Morgenröte ist dahin. Die Mittagszeit liegt hinter uns, aus unserem zögernden Erwachen wurde schon ein voller Tag, und wir müssen scheiden.

Wenn wir uns im Dämmerschein der Erinnerung wieder sehen, wollen wir abermals miteinander reden, und ihr werdet mir ein Lied von tieferer Bedeutung singen. Und wenn in einem neuen Traum sich unsere Hände finden, wollen wir abermals einen Turm in den Himmel bauen.

So sprach er und gab den Seeleuten ein Zeichen, und sogleich lichteten sie den Anker, lösten das Schiff von seinen Halteseilen und segelten ostwärts.

Und ein Schrei drang aus der Menschenmenge wie aus einer Brust, und er stieg in die Dämmerung auf und hallte über das Meer wie lauter Trompetenschall.

Almitra allein blieb still und blickte dem Schiff nach, bis es im Nebel verschwand. Und als sich die Menge zerstreut hatte, stand sie noch immer allein am Strand und trug im Herzen seine Worte:

»Nur eine kleine Weile, ein Augenblick der Ruhe auf dem Wind, und eine andere Frau wird mir das Leben wieder schenken.«

IM GARTEN DES
PROPHETEN

ALMUSTAFA, der Erwählte und Geliebte, der seiner Zeit eine Mittagssonne war, kehrte zur Insel seiner Geburt zurück im Monat des Tichreen, dem Monat der Erinnerung.

Als sein Schiff dem Hafen nahte, da stand er am Bug, und seine Seeleute waren um ihn. Und er trug Heimkehr in seinem Herzen.

Und in seiner Stimme sang das Meer, als er sagte: »Seht, die Insel unserer Geburt. Hier empfing uns die Erde, als Lied und als Rätsel; als ein Lied, das sich zum Himmel erhebt, und als ein Rätsel, das uns an die Erde bindet; denn was ist zwischen dem Himmel und der Erde, das das Lied emporträgt und das Rätsel löst, wenn nicht unsere Liebe.

Einmal mehr überlässt uns die See diesem Gestade. Wir sind nur eine Welle auf ihren Wogen.

Sie sendet uns, um ihre Botschaft zu verkünden, doch wie können wir dies tun, ohne das Gleichmaß unserer Herzen an Fels und Sand zu brechen?

Denn dies ist das Gesetz der Seeleute und des Meeres: Wenn ihr Freiheit wollt, müsst ihr durch die Nebel dringen. Immer sucht das Gestaltlose

die Gestalt, wie auch die ungezählten Nebel-
schwaden sich sehnen, Sonnen und Monde zu
werden; und wir, die wir vieles suchten und jetzt
zu dieser Insel wiederkehren als geprägte Form,
müssen wieder Nebel werden und von Anfang an
neu lernen. Denn wie kann etwas leben und sich
in die Höhen schwingen, wenn dies nicht dem Verlangen und dem Durst nach Freiheit entspringt?

Immer werden wir auf der Suche nach den Küsten sein, damit wir singen können und gehört werden. Denn was geschieht der Welle, deren Brechen kein Ohr wahrnimmt? Es ist das Unerhörte in
uns, das unser tieferes Leid nährt. Und doch ist es
gerade dies Unerhörte, das unserer Seele Gestalt
verleiht und unser Schicksal bestimmt.«

Da trat einer der Seeleute vor und sagte: »Meister, du hast unser Sehnen zu diesem Hafen gelenkt,
und siehe, wir sind da. Und dennoch sprichst du
von Trauer und gebrochenen Herzen.«

Und er antwortete ihm und sagte: »Sprach ich
nicht von der Freiheit und dem Nebel, der unsere
größere Freiheit ist? Dennoch unternehme ich in
Schmerzen die Fahrt zur Insel meiner Geburt, wie
der Geist eines Mannes, der erschlagen wurde und
der kommt, um vor denen zu knien, die ihn er-
schlugen.«

Und ein anderer Seemann sagte: »Sieh die Menge
dort am Hafen. Im Stillen haben sie den Tag und die
Stunde deiner Ankunft erahnt, und sie sind hun-

gernd nach Liebe von ihren Feldern und Weinbergen gekommen, um dich zu erwarten.«

Und Almustafa schaute weit über die Menge, und sein Herz fühlte ihr Sehnen, und er schwieg. Da erhob sich ein Schrei von den Menschen, und es war ein Schrei des Erinnerns und des Begehrens.

Und Almustafa richtete die Augen auf seine Seeleute und sprach: »Und was habe ich ihnen gebracht? Ein Jäger war ich, in fernem Land. Gezielt und kraftvoll habe ich die goldenen Pfeile, die sie mir gaben, geschleudert, aber ich habe keine Beute gemacht. Ich folgte nicht den Pfeilen. Vielleicht schwirren sie jetzt unter der Sonne, in den Fittichen verwundeter Adler, die nicht zur Erde fallen wollen. Vielleicht sind sie auch in die Hände derer geraten, die ihrer bedurften, um Brot und Wein sich zu verschaffen. Ich weiß nicht, wo sie ihren Flug verbracht, aber dies weiß ich: Sie haben ihre Bahnen am Himmel gezogen.

Wie dem auch sei, die Hand der Liebe ruht immer über mir, und ihr, meine Seeleute, bestätigt meine Ansicht, und ich werde nicht schweigen. Ich werde schreien, sobald die Hand der Zeiten nach meiner Kehle greift, und ich werde singen, wenn meine Lippen entbrannt sind.«

Die Seeleute waren beunruhigt, da er diese Worte sprach, und einer sagte: »Meister, lehre uns alles, und vielleicht werden wir dich verstehen, denn dein Blut fließt in unseren Adern, und unser Atem verströmt deinen Duft.«

Da antwortete er ihnen, und Wind schwang in seiner Stimme, als er sagte: »Brachtet ihr mich zur Insel meiner Geburt, damit ich euer Lehrer sei? Noch bin ich nicht gefangen im Käfig der Weisheit. Zu jung bin ich und zu unerfahren, um über anderes zu sprechen als das Selbst, welches stets das tiefe Verlangen nach dem Tiefen bildet. Lasst den, der meint, die Wahrheit zu besitzen, im Butterfasse suchen oder in einem Klumpen roten Lehms. Ich bleibe ein Sänger. Immer werde ich die Erde besingen und euren verlorenen Traum, der euch heimsucht zwischen jedem Schlafen. Und ich werde auf das Meer schauen.«

Nun lief das Schiff in den Hafen ein, und es legte an. So gelangte Almustafa zur Insel seiner Geburt und stand wieder unter seinem Volk. Und ein Schrei drang aus ihren Herzen, dass die Einsamkeit seiner Heimkehr ihn erschütterte.

Das Volk schwieg und wartete auf sein Wort, aber er sagte nichts, denn Trauer der Erinnerung erfüllte ihn, und er sprach in seinem Herzen: »Habe ich gesagt, dass ich singen werde? Nein, aber ich kann meine Lippen öffnen, sodass die Stimme des Lebens aus mir spricht und – vom Wind getragen – Freude und Stärke bringt.«

Da trat Karima, die mit ihm als Kind im Garten

seiner Mutter gespielt hatte, vor und sagte: »Zwölf Jahre hast du dein Antlitz vor uns verborgen, und zwölf lange Jahre hungerten und dürsteten wir nach deiner Stimme.«

Zärtlich blickte er sie an, denn sie war es gewesen, die seiner Mutter die Augen schloss, als die weißen Schwingen des Todes sie umarmten. Und er antwortete und sprach: »Zwölf Jahre? Sagtest du zwölf Jahre, Karima? Nicht mit Sternenmaß habe ich meine Sehnsucht betrachtet, noch habe ich ihre Tiefe gelotet. Denn die Liebe, so sie Heimweh hat, erhebt sich über jedes Messen. Mancher Augenblick wirkt wie eine Ewigkeit der Trennung. Doch Trennung ist nichts anderes als ein Erschöpfen des Geistes. Waren wir wirklich je getrennt?«

Und Almustafa blickte in die Menge, und er sah sie alle, die Jugend und die Greise, den Gestählten und den Schwachen, jene, die von Wind und Sonne gerötet waren, wie die von blässlichem Aussehen. Und auf ihren Gesichtern lag glühendes Verlangen und Frage.

Und einer sprach: »Meister, viel Schmerz brachte das Leben unserem Hoffen und Wünschen. Die Herzen sind verwirrt, und wir begreifen nicht. Ich bitte dich, stärke uns und lehre uns, den Sinn des Leidens zu verstehen.«

Das Herz des Meisters fühlte Mitleid, und er sprach: »Das Leben ist älter als alles, das lebt; wie auch das Schöne strahlte, ehe die Schönheit auf

Erden geboren ward, und wie auch das Wahre Wahrheit war, ehe es ausgesprochen.

Das Leben singt in unserem Schweigen und träumt in unserem Schlummer. Selbst wenn wir besiegt und tot sind, triumphiert das Leben. Und wenn wir weinen, lächelt das Leben dem Tag, und es ist frei, selbst wenn wir in Ketten gehen.

Oft finden wir das Leben bitter, doch nur, wenn wir selbst von Bitterkeit umhüllt sind. Und wir halten es für leer und unergiebig, doch nur, wenn die Seele zu öden Orten zieht und das Herz berauscht ist von sich selbst.

Das Leben ist tief, prachtvoll und weit entfernt zugleich; und obwohl euer Blick nur seine Füße fassen kann, ist es euch nah; und obwohl nur der Hauch eures Atems sein Herz erreicht, streift der Schatten eures Schattens sein Gesicht, und der Widerhall eures schwächsten Schreies wird Frühling und Herbst in der Brust.

Das Leben ist verhüllt und verborgen, wie auch euer größeres Selbst verborgen und verhüllt ist. Aber wenn das Leben spricht, werden alle Winde Worte; und wenn es von neuem spricht, so wird das Lächeln auf euren Lippen und die Tränen in eurem Aug' zum Wort. Wenn es singt, hören es die Tauben und sind ergriffen; und wenn es sich langsam nähert, sehen es die Blinden und sind entzückt und folgen ihm verwundert und erstaunt.«

Hier endete sein Reden, und eine tiefe Stille

breitete sich unter dem Volke aus; und in der Stille lag ein unhörbarer Gesang, und sie fühlten Trost in ihrer Einsamkeit und in ihrem Schmerz.

U ND ALSBALD verließ er sie und folgte dem Pfad, der zu seinem Garten führte, dem Garten seiner Mutter und seines Vaters, wo sie ruhten, sie und ihre Ahnen.

Und es gab welche, die ihm folgen wollten, da sie sahen, dass er heimging und alleine sein würde, denn da war niemand mehr aus seinem Geschlecht, das Fest des Willkommens nach der Sitte seines Volkes zu feiern.

Doch der Kapitän seines Schiffes riet ihnen: »Lasst ihn seinen Weg alleine gehen. Denn sein Brot ist das Brot der Einsamkeit, und sein Becher ist gefüllt mit dem Wein der Erinnerung; und alleine wird er ihn trinken.«

Und die Seeleute hielten sie zurück, da sie erkannten, dass die Worte des Kapitäns recht waren. Und alle, die sich am Hafen versammelt hatten, behielten ihre Wünsche bei sich.

Nur Karima folgte ihm eine Weile, da sie den Schmerz seiner Einsamkeit und seines Erinnerns fühlte. Doch sie sprach nicht, sondern wandte sich zu ihrem eigenen Haus und weinte im Garten unter dem Mandelbaum und wusste nicht, worüber.

Almustafa gelangte zum Garten seiner Mutter und seines Vaters. Da trat er ein und schloss das Tor, damit niemand ihm folgen konnte.

Vierzig Tage und vierzig Nächte blieb er allein in diesem Haus und in diesem Garten. Und keiner kam, nicht einmal zum Tor, da es geschlossen war; denn alle wussten, er wollte alleine sein.

Und als die vierzig Tage und Nächte zu Ende waren, öffnete Almustafa das Tor, damit man eintreten konnte.

Und es kamen neun Männer, um im Garten mit ihm zu sein: drei Seeleute seines Schiffes, drei, die im Tempel gedient hatten, und drei seiner Kameraden, welche mit ihm in der Kindheit gespielt. Und sie wurden seine Schüler.

Eines Morgens saßen sie um ihn, doch es war Abwesenheit und Erinnerung in seinen Augen. Da sagte der Schüler, welcher Hafiz hieß: »Meister, erzähle uns von der Stadt Orphalese und dem Land, in welchem du zwölf Jahre geweilt.«

Almustafa schwieg; und er richtete seinen Blick zu den Hügeln und sah zum unermesslichen Himmel; und sein Schweigen brach.

Dann sprach er: »Meine Freunde und Weggefährten! Arm das Land, das voller Lehren ist, aber ohne Glauben.

Arm das Land, das Kleider trägt, die es nicht selber webte, das Brot isst, das es nicht selbst erntete, und das Wein trinkt, der nicht aus eigener Kelter floss.

Arm das Land, das einen Tyrannen wie einen Helden verehrt und das einen ruhmbedeckten Eroberer für einen Wohltäter hält.

Arm das Land, das die Leidenschaft in seinen Träumen für gering achtet, aber sich ihr beim Erwachen unterwirft.

Arm das Land, das nicht seine Stimme erhebt, außer beim Begräbnis, das nichts rühmt, außer seine Ruinen und das sich nicht auflehnt, außer sein Hals liegt zwischen Schwert und Richtblock.

Arm das Land, dessen Führung arglistig ist, dessen Philosoph ein Gaukler und dessen Kunst Flickwerk und Fälschung ist.

Arm das Land, das seinen neuen Herrscher mit Trompetenstößen willkommen heißt und mit Hohngelächter ihn verabschiedet, nur um einen anderen wieder mit Trompeten zu begrüßen.

Arm das Land, darin die Weisen mit den Jahren schweigen und dessen stärkste Männer noch in der Wiege liegen.

Arm das Land, das gespalten ist in Teile und darin jeder Teil ein eigen Land sich nennt.«

EIN ANDERER Schüler sprach: »Sag uns, was dein eigenes Herz gerade bewegt.«

Und Almustafa blickte diesen Mann an, und seine Stimme klang wie eines Sternes Melodie, als er sprach: »In euren Wachträumen, wenn ihr Stille bewahrt und euer tieferes Selbst wahrnehmt, fallen und wirbeln eure Gedanken wie Schneeflocken und umhüllen all die Töne eures Lebensraumes mit lichtem Schweigen.

Denn was sind Wachträume, wenn nicht Wolken, die sich entfalten und erblühen am Himmelsbaum eurer Herzen? Und was sind eure Gedanken, wenn nicht Blumenblätter, die die Bewegung eures Herzens auf Hügel und Felder streut?

Und wie ihr auf Frieden wartet, bis das Formlose in euch Gestalt geworden, so wird die Wolke sich auftürmen und zur Hand Gottes treiben, um ihr graues Verlangen zu wandeln in kleine Sonnen, Monde und Sterne aus Kristall.

Da sprach Sarkis, der an diesen Worten zweifelte: »Doch Frühling wird kommen, und all der Schnee unserer Träume und Gedanken wird dahinschmelzen und nicht mehr sein.«

Und der Meister antwortete, indem er sprach: »Wenn der Frühling kommt und die, welche Gott liebt, in schlummernden Hainen und Weinbergen aufspürt, wird der Schnee schmelzen und in Strömen fließen, um den Fluss im Tal zu suchen und Mundschenk zu sein für Myrte und Lorbeerbaum.

Und so wird der Schnee eures Herzens schmelzen, sobald euer Frühling kommt, und so wird euer Geheimnis in Strömen fließen, um im Tal den Fluss des Lebens zu suchen. Und der Fluss wird euer Geheimnis erfassen und zur weiten See tragen.

Alles wird schmelzen und sich in Lieder wandeln, sobald der Frühling kommt. Sogar die Sterne der ungezählten Flocken des Schnees, die langsam auf die weiten Felder fallen, werden in singende Ströme sich wandeln. Und wenn die Sonne seines Antlitzes sich über den Horizont erhebt, welcher erstarrte Klang würde sich dann nicht wandeln in einen Fluss von Melodie? Und wer von euch würde nicht Mundschenk sein für Myrte und Lorbeer?

Erst gestern seid ihr auf bewegter See gewesen, und ihr wart ohne Küste und ohne ein Selbst. Da nahm der Wind euch auf, der Atem des Lebens, einen Lichtschleier auf seinem Gesicht; da ergriff euch die Hand des Lebens und gab euch Gestalt, und mit erhobenem Kopfe suchtet ihr die Höhen. Aber die See folgte euch, und ihr Lied ist noch in euch. Auch wenn ihr eure Abkunft vergessen habt, wird sie ihre Mutterschaft für immer geltend machen; und für immer wird sie euch zu sich rufen.

Bei eurem Wandern in den Bergen und in der Wüste werdet ihr stets der Tiefe ihres kalten Herzens gedenken. Und obgleich ihr oftmals nicht wisst, wonach ihr euch sehnt – stets ist es der See unendlich wogender Friede.

Wie anders könnte es sein? Wenn der Regen auf die Blätter der Wälder an den Hügeln fällt und der Schnee sich senkt, ist dies eine Gnade und das Zeichen einer Verheißung; wenn ihr im Tal eure Herden zum Fluss geleitet, wenn sich in euren Feldern die Bäche wie Silberströme im grünen Kleid vereinen, wenn in euren Gärten der Himmel im Morgentau sich spiegelt und wenn in den Wiesen der Abenddunst euren Heimweg sacht umhüllt, dann ist die See in euch, als Zeugin eures Erbes, die nach eurer Liebe fleht. Es ist die Schneeflocke in euch, und sie führt zum Meer.«

WIE SIE EINES Morgens im Garten wandelten, da erschien eine Frau am Tor, und es war Karima, die Almustafa geliebt hatte wie eine Schwester zu der Zeit, da er ein Knabe war. Da stand sie, ohne etwas zu begehren und ohne an das Tor zu klopfen. Voll Sehnsucht und Trauer blickte sie in den Garten.

Und Almustafa erkannte das Begehren in ihren Augen, und mit raschen Schritten begab er sich zur Mauer des Gartens und öffnete das Tor. Karima trat ein und ward willkommen.

Da sprach sie: »Weshalb hast du dich von uns abgewandt, sodass wir nicht im Lichte deines Antlitzes leben können? Denn siehe, wir liebten dich all die Jahre und warteten voll Sehnsucht auf deine unversehrte Wiederkunft. Und nun ruft das Volk nach dir und möchte mit dir sprechen. Ich bin sein Bote und komme und flehe dich an, dich ihm zu zeigen und zu ihm zu sprechen kraft deiner Weisheit, sodass du die gebrochenen Herzen tröstest und uns unsere Torheit nimmst!«

Almustafa blickte sie an und sprach: »Nenne mich nicht weise, bevor du alle Menschen weise

nennst. Eine junge Frucht bin ich, die sich an den Zweig klammert, und es war erst gestern, dass ich eine Blüte war. Und nenne keinen unter euch töricht, denn in Wahrheit sind wir weder Weise noch Toren. Wir sind grüne Blätter am Baum des Lebens, und das Leben selbst liegt jenseits der Weisheit und jenseits der Torheit.

Und habe ich mich wirklich von euch abgewandt? Weißt du nicht, dass es keine Trennung gibt außer derjenigen, die sich die Seele selbst erdacht? Doch wenn die Seele auch diese Trennung überwindet, wird sie ein Gleichmaß in ihr.

Der Abstand, der zwischen euch und einem ungeliebten Nachbarn liegt, ist größer als der Abstand zwischen euch und eurem Geliebten, der hinter sieben Ländern und sieben Meeren weilt.

In der Erinnerung gibt es keine Grenzen; nur im Vergessen liegt eine Kluft, unüberwindlich für eure Stimme und euer Auge.

Zwischen den Küsten der Ozeane und den Gipfeln der höchsten Berge liegt ein geheimer Weg, den ihr gehen müsst, bevor ihr eins werdet mit den Söhnen der Erde.

Und zwischen eurem Wissen und Verstehen liegt ein geheimer Pfad, den ihr entdecken müsst, ehe ihr eins werdet mit den Menschen, und daher mit euch selbst.

Zwischen eurer Rechten, die gibt, und eurer Linken, die empfängt, liegt ein großer Abstand.

Nur wenn ihr sie beide geben und empfangen lasst, hebt ihr den Abstand auf; denn es ist nur eine Angelegenheit des Bewusstseins, dass ihr nichts zu geben und zu nehmen braucht, um den Abstand zu überwinden. Wahrlich, die größte Entfernung liegt zwischen eurem Träumen und eurem Wachsein; und zwischen dem, was eine Tat ist und was ein Wunsch. Aber es gibt noch einen anderen Weg, den ihr gehen müsst, ehe ihr eins werdet mit dem Leben. Doch werde ich nicht jetzt über diesen Weg sprechen, da ich sehe, dass du schon müde vom Gehen bist.«

D<small>ARAUFHIN</small> ging er mit Karima und den neun Schülern zum Marktplatz, und er redete mit den Menschen, seinen Freunden und Nachbarn, und Freude kam in ihre Herzen und in ihre Augen.

Almustafa sprach: »Im Schlafe blüht ihr auf, und ihr lebt euer reicheres Leben, während ihr träumt. Denn all eure Tage verbringt ihr, um dafür zu danken, was ihr in der Stille der Nacht empfangen.

Oft denkt und sprecht ihr von der Nacht als der Zeit der Ruhe, doch in Wahrheit ist die Nacht die Zeit der Suche und des Findens.

Der Tag gibt euch die Kraft des Wissens, und er lehrt eure Hände die Kunst des Empfangens; aber es ist die Nacht, die euch zur Schatzkammer des Lebens führt.

Die Sonne lehrt alle Dinge, nach dem Licht zu streben; doch es ist die Nacht, die alles zu den Sternen hebt.

Es ist die Stille der Nacht, die einen Hochzeitsschleier über die Bäume webt und über die Blumen; dann ist der Tisch gedeckt und das Hochzeitsgemach bereit; in dieser heiligen Stille wird der Morgen empfangen im Schoße der Zeit.

So verhält es sich, und wenn ihr euch auf die Suche begebt, werdet ihr Nahrung und Erfüllung finden. Selbst wenn euer Erwachen am Morgen die Erinnerung auslöscht, ist die Tafel der Träume immer gedeckt und das Hochzeitsgemach bereitet.«

Er schwieg einen Augenblick, und seine Zuhörer erwarteten sein Wort. Dann erhob er seine Stimme und sprach: »Ihr seid Geist, obwohl ihr euch in Körpern bewegt; und wie Öl in der Dunkelheit brennt, seid ihr Flammen in einer Lampe.

Wäret ihr nur Körper, würde mein Dasein und Sprechen nichtig sein, als ob der Tote den Toten riefe. Doch ist es nicht so. Alles, was unsterblich ist in euch, ist frei bei Tag und bei Nacht und kann nach dem Willen des Allerhöchsten nicht eingeschlossen und gefangen sein. Ihr seid sein Atem, welcher wie der Wind weder gefasst noch gefangen werden kann. Und auch ich bin Atem seines Atems.«

Mit raschen Schritten entfernte er sich aus ihrer Mitte und ging wieder in den Garten. Aber Sarkis, der oft zweifelte, sagte: »Doch wie ist es um die Hässlichkeit, Meister? Nie sprichst du vom Hässlichen.«

Almustafa antwortete ihm, und seine Worte klangen wie Peitschenhiebe, als er sagte: »Mein Freund, wird dich einer ungastlich nennen, so er an dein Haus gelangt, doch nicht an deine Türe klopft?

Und wird dich einer für taub und unachtsam halten, wenn er zu dir mit fremder Zunge spricht und du nichts verstehst?

Was du für hässlich hältst, ist es nicht das, was du niemals versucht hast zu erreichen und dessen Sinn zu verstehen du niemals wünschtest?

Wenn es Hässliches gibt, so sind es die Schuppen auf unseren Augen und das Wachs, das unsere Ohren verstopft.

Mein Freund, nenne nichts hässlich außer der Furcht deiner Seele angesichts ihrer eigenen Erinnerungen.«

Eines Tages, da sie im Schatten weißer Pappeln saßen, fragte einer der Schüler: »Meister, die Zeit ängstigt mich. Sie geht über uns hinweg und stiehlt unsere Jugend, doch was gibt sie uns dafür?«

Und er antwortete und sprach: »Nimm eine Hand voll guter Erde. Vielleicht findest du ein Samenkorn darin oder eine Raupe. Wäre deine Hand nun groß und geduldig genug, würde der Same ein Wald werden und die Raupe eine Schar geflügelter Wesen. Doch vergiss nicht, dass die Jahre, die aus den Samen Wälder bilden und aus den Raupen geflügelte Wesen, Teile von diesem *Heute* sind.

Und was sind die Zeiten des Jahres, wenn nicht eure eigenen Gedanken, die sich ändern? Frühling ist ein Erwachen in eurer Brust, der Sommer aber ein Erkennen eurer Fruchtbarkeit. Ist nicht der Herbst eure Vergangenheit, die dem Kindgebliebenen in euch ein Wiegenlied singt? Und ich frage, ist nicht der Winter ein tiefer Schlaf, voll von Träumen der anderen Zeiten des Jahres?«

Nun schaute ihn Mannus, der wissbegierige Schüler, an und sah hinter ihm Pflanzen, die in

Blüte standen und sich an den Platanen empor-
rankten. Und er sagte: »Sieh die Parasiten, Meister.
Was sagst du über sie? Sie sind Diebe mit müden
Lidern, die den standhaften Kindern der Sonne das
Licht stehlen, und sie werden immer schöner,
während der anderen Lebenskraft in ihre Zweige
und Blätter fließt.«

Almustafa antwortete ihm und sprach: »Mein
Freund, wir alle sind Parasiten. Wir, die danach
streben, das Grasland in fühlbares Leben zu wandeln, stehen nicht über denen, die ihr Leben gera-
dewegs vom Rasen erhalten, ohne etwas davon zu
wissen.

Wird etwa eine Mutter zu ihrem Kind sagen: ›Ich
gebe dich dem Wald zurück, der deine größere
Mutter ist, denn mein Herz und meine Hand sind
deiner müde.‹?

Oder wird ein Sänger sein eigenes Lied tadeln
und sagen: ›Nun kehre zurück zum Käfig des Wi-
derhalls, dem du entstammst, denn deine Stimme
verbraucht meinen Atem.‹?

Und wird der Schäfer zu seiner Herde sagen:
›Ich habe keine Weide, wo ich euch hinführen
könnte, deshalb lasse ich euch ziehen, damit ihr
Opferlämmer werdet.‹?

Nein, mein Freund, stets liegt die Antwort vor
der Frage, wie die Träume erfüllt sind schon vor
dem Schlaf.

Wir leben einer vom anderen, nach einem alten,

ewigen Gesetz. Lass uns so leben in liebender Freundschaft. Wir suchen einander in unserer Einsamkeit, und wir gehen auf die Straße, wenn wir keinen Herd haben, an dem wir sitzen können.

Meine Freunde und Brüder, die breite Straße ist euer Gefährte.

Diese Pflanzen, die auf den Bäumen leben, trinken die Milch der Erde in der süßen Stille der Nacht, und die Erde – in ihrem ruhigen Schlaf – saugt an der Brust der Sonne.

Und die Sonne und ihr und ich und alles, was ist, wird in gleicher Weise bewirtet an der Tafel des Fürsten, dessen Tor immer offen steht und dessen Tisch stets gedeckt ist.

Mannus, mein Freund, alles, was ist, lebt stets von allem, das ist; und alles, das ist, lebt in der Hoffnung, doch ohne Gestade, von der Gabe des Allerhöchsten.«

In der Morgendämmerung schritten sie in den Garten, wandten ihre Augen nach Osten und schwiegen angesichts der aufgehenden Sonne.

Nach einer Weile hob Almustafa seine Hand und sprach: »Das Bild der Sonne in einem Tautropfen ist nicht weniger als die Sonne selbst. Das Abbild des Lebens in eurer Seele ist nicht weniger wert als das Leben selbst. Ein Tropfen des Taues spiegelt das Licht wider, denn er ist eins mit dem Licht, und ihr seid ein Ebenbild des Lebens, denn ihr und das Leben seid eins.

Wenn euch Dunkelheit umhüllt, sagt: ›Die Dunkelheit ist eine Morgendämmerung, die darauf wartet, geboren zu werden; und selbst wenn die Qualen der Nacht auf mir lasten, der Morgen wird geboren sein, in mir wie auf den Hügeln.‹

Der Tautropfen, der eine Perle bildet im Kelch der Lilie, ist wie ihr, wenn ihr eure Seele in Gottes Herz legt.

Wenn ein Tautropfen sagt: ›Werde ich auch in tausend Jahren ein Tautropfen sein?‹, dann antwortete ihm: ›Weißt du nicht, dass das Licht aller Zeiten in deinem Wesen scheint?‹«

Eines Abends, als ein Sturm aufkam, ging Almustafa mit seinen neun Schülern in das Haus, und sie saßen um das Feuer und schwiegen.

Da sagte einer der Schüler: »Meister, ich bin alleine, und die Schläge der Stunden peinigen mich.«

Almustafa erhob sich und trat in ihre Mitte, und mit der Stimme eines gewaltigen Sturmes sprach er: »Alleine? Was bedrückt dich dies? Alleine kannst du und alleine wirst du den Nebel durchschreiten.

Daher leere deinen Becher alleine und schweigend. Die Tage des Herbstes reichten auch anderen Lippen Becher und füllten sie mit Wein, bitter und süß, wie sie auch deinen Becher füllten.

Leere deine Becher alleine, selbst wenn er nach deinen eigenen Tränen und nach deinem Blute schmeckt, und preise das Leben für das Geschenk des Durstes. Denn ohne Durst ist dein Herz wie das Ufer eines ausgetrockneten Meeres, klanglos und ohne Gezeiten.

Leere den Becher alleine und trinke den Wein mit Freuden.

Hebe den Becher hoch über dein Haupt und trinke denen zu, die auch alleine trinken.

Einst suchte ich die Gesellschaft der Menschen und saß an ihrer Tafel und trank mit ihnen; doch ihr Wein stieg mir nicht zu Kopf noch floss er in meine Brust. Er lief nur zu meinen Füßen hinab. Mein Durst nach Weisheit blieb unerfüllt, und mein Herz war versiegelt und versperrt. Nur meine Füße waren bei ihnen in dem Nebel, der sie umhüllte.

Da suchte ich die Gesellschaft der Menschen nicht mehr, noch trank ich den Wein an ihrem Tisch.

Deshalb sage ich euch: Wenn die Schläge der Stunden euch peinigen, macht euch nichts daraus. Es ist gut, den Becher der Trauer alleine zu trinken und ebenso den Becher der Freude.«

Eines Tages, als Phardrous, der Grieche, im Garten einherging, stieß er mit dem Fuß an einen Stein und geriet in Wut. Er packte den Stein und rief grollend: »Du totes Ding auf meinem Weg!«, und warf den Stein fort.

Da sprach Almustafa, der Erwählte und Geliebte: »Was sagst du: ›Du totes Ding?‹ So lange warst du nun in diesem Garten und weißt nicht, dass es hier nichts Totes gibt? Alle Dinge leben, und sie leuchten vom Wissen des Tages und von der Erhabenheit der Nacht. Du und der Stein, ihr seid eins. Nur in den Schlägen eurer Herzen gibt es einen Unterschied. Dein Herz schlägt schneller, nicht wahr, mein Freund? Ohne Zweifel aber ist es nicht so ruhig. Der Rhythmus des Steins mag ein anderer sein, doch ich sage dir: Wenn du die Tiefen deiner Seele erkennst und die Höhen des Raumes erklimmst, wirst du nur eine Melodie vernehmen, und in ihr singt der Stein mit dem Stern in vollendetem Gleichklang.

Wenn du meine Worte nicht verstehst, dann warte, bis ein neuer Tag beginnt. Wenn du diesen Stein verwünscht hast, weil du in deiner Blindheit über ihn gestolpert bist, dann wirst du auch einen Stern verwünschen, sollte dein Haupt mit ihm am Himmel zusammenstoßen. Doch der Tag wird kommen, da wirst du Steine und Sterne sammeln, wie ein Kind die Lilien des Tales pflückt, und dann wirst du wissen, dass all diese Dinge leben und köstlich duften.«

Am ersten Tag der Woche, als der Klang der Tempelglocken an ihr Ohr drang, sagte einer von ihnen: »Meister, man spricht viel über Gott in dieser Gegend. Was hast du über Gott zu sagen, und wer ist es in Wahrheit?«

Almustafa stand vor ihnen wie ein junger Baum, der nicht Wind noch Wetter fürchtet, und er antwortete, indem er sprach: »Meine Weggefährten und Freunde, denkt euch ein Herz, das all eure Herzen beherbergt, eine Liebe, die all eure Liebe umfasst, einen Geist, der all euren Geist umgibt, eine Stimme, die all eure Stimmen einschließt, und eine zeitlose Stille, die tiefer ist als all eure Stille.

Nun sucht in der Fülle eures Selbst eine Schönheit wahrzunehmen, bezaubernder als alles Schöne, ein Lied, unermesslicher als die Lieder des Meeres und des Waldes, eine Erhabenheit auf einem Throne, an dem Orion nur eine Stufe ist, und die ein Zepter trägt, in dem das Siebengestirn nichts ist als der Schimmer von Tropfen des Taus. Immer habt ihr nur Essen und Schutz gesucht, ein Gewand und einen Stab; sucht nun den Einen, der weder ein Ziel für eure Pfeile ist noch eine Steinhöhle, die euch vor den Elementen schützt. Und wenn meine Worte hart wie Fels und rätselhaft sind, dann sucht erst recht, damit eure Herzen aufgehen und eure Frage euch zur Liebe und Weisheit des Allerhöchsten führt, den die Menschen Gott nennen.«

Und sie schwiegen jeder für sich und waren bestürzt; und Almustafa fühlte Mitleid mit ihnen, und er blickte sie zärtlich an und sprach: »Lasst uns nun nicht mehr von Gott, dem Vater, sprechen. Lasst uns lieber von den göttlichen Naturen sprechen, die eure Nachbarn sind und eure Brüder, jene Kräfte, die eure Häuser und eure Felder bewegen.

Ihr könntet in eurer Vorstellung euch bis zu den Wolken erheben und dies für Höhe halten; und ihr könntet über das unermessliche Meer fahren und dies für Entfernung ansehen. Doch ich sage euch: Wenn ihr einen Samen in die Erde legt, erreicht ihr größere Höhen; und wenn ihr eurem Nachbarn die Schönheit des Morgens rühmt, überquert ihr ein größeres Meer.

Zu oft singt ihr von Gott, dem Unendlichen, aber in Wahrheit hört ihr das Lied nicht. Könntet ihr das Lied der Vögel wahrnehmen und die fallenden Blätter, wenn der Wind darüber streicht, so würdet ihr nicht vergessen, dass diese nur singen, wenn sie vom Ast getrennt.

Abermals bitte ich euch, nicht so freimütig von Gott zu sprechen, der unser Alles ist – lieber sprecht miteinander und beginnt, einander zu verstehen – Nachbar zu Nachbar, göttliche Natur zu göttlicher Natur.

Denn wer wird den Nestling füttern, wenn die Mutter nur in den Himmel sieht? Und welche Anemone wird ihre Erfüllung finden, bis sie nicht durch eine Biene mit einer andern Anemone sich vermählt?

Nur wenn ihr in eurem geringeren Selbst verloren seid, sucht ihr den Himmel, den ihr Gott nennt. Könntet ihr doch die Pfade zu eurem unermesslichen Selbst finden, dann wäret ihr weniger träge und würdet die Straßen festigen!

Meine Seeleute und Freunde, es wäre weiser, weniger von Gott zu sprechen, den wir nicht verstehen können, dafür mehr über jeden anderen, den wir verstehen.

Doch wisset, dass wir der Atem und der Wohlgeruch Gottes sind. Wir sind Gott in der Gestalt des Blattes, der Blüte und oftmals der Frucht.«

Eﾁﾅﾅﾅ Tﾀﾇﾅﾄ, da die Sonne am hohen Himmel stand, wandte sich einer der drei, die in der Kindheit mit Almustafa gespielt, an ihn und sagte: »Meister, mein Gewand ist aufgetragen, und ich habe kein anderes. Lass mich zum Marktplatz gehen, um ein neues zu besorgen.«

Almustafa blickte den jungen Mann an und sprach: »Gib mir dein Gewand.« Dieser tat so und stand nackt in der Sonne der Mittags. Und Almustafa sprach mit eherner Stimme: »Nur der Nackte lebt in der Sonne. Nur der Unschuldige zieht mit dem Wind. Und der allein, der tausendmal seinen Weg verlor, wird nach Hause zurückkehren.

Die Engel sind der gerissenen Menschen müde. Erst gestern sprach ein Engel zu mir: ›Wir haben die Hölle erschaffen für die, die prunken. Denn nur das Feuer kann eine glänzende Oberfläche matt machen und alles bis auf den Kern schmelzen.‹

Und ich sagte: ›Da ihr die Hölle schuft, habt ihr auch Teufel erschaffen, um sie zu regieren.‹ Aber der Engel antwortete: ›Nein, die Hölle wird von jenen regiert, die dem Feuer widerstehen.‹

Weiser Engel! Er kennt die Wege der Menschen und die Wege derer, die nur zur Hälfte Menschen sind. Er ist ein Seraphim, der zu den Propheten kommt, um ihnen beizustehen, wenn sie von den Verführern versucht werden. Und er lächelt, wenn die Propheten lächeln, und weint, wenn sie weinen.

Meine Freunde und Seeleute, nur der Nackte lebt in der Sonne. Nur der kann über das größere Meer fahren, der kein Ruder hat. Nur wer dunkel ist während der Nacht, wird mit der Morgendämmerung erwachen, und nur wer mit den Wurzeln im Schnee schläft, wird den Frühling erreichen.

Ihr seid wie Wurzeln, und als Wurzeln seid ihr von einfacher Art; aber ihr habt die Weisheit der Erde. Und ihr schweigt, doch in euren Trieben tönt der Chor der vier Winde.

Ihr seid zerbrechlich und gestaltlos, jedoch der Ursprung riesiger Eichen und das vorgezeichnete Muster der Weiden, die gegen den Himmel ragen.

Noch einmal sage ich, ihr seid nur Wurzeln zwischen dunkler Erde und bewegten Himmeln. Oft habe ich gesehen, wie ihr euch erhobt, um mit dem Licht zu tanzen, doch habe ich auch eure Furcht gesehen. Alle Wurzeln sind furchtsam. Sie halten ihre Herzen so lange versteckt, dass sie nicht wissen, was sie damit tun sollen.

Doch der Mai kommt, und rastlos wird er Hügel und Ebenen nähren.«

Einer der Schüler, der im Tempel gedient hatte, seufzte: »Lehre uns, Meister, dass unsere Worte wie die deinen werden, Lied und Weihrauch für das Volk.«

Und Almustafa antwortete und sprach: »Ihr sollt über eure Worte wachsen, doch euer Weg soll bleiben, ein Gleichklang und ein Wohlgeruch; ein Klang für Liebende und Geliebte zugleich und ein Duft für die, die in einem Garten leben möchten.

Ihr sollt über eure Worte wachsen bis zum höchsten Punkt, auf den der Sternennebel fällt, und ihr sollt eure Hände öffnen, bis sie gefüllt sind; dann sollt ihr euch niederlegen und schlafen wie ein weißer junger Vogel in einem weißen Nest, und ihr sollt vom Morgen träumen wie die weißen Veilchen im Frühling.

Ihr sollt auch tiefer als eure Worte dringen. Ihr sollt die verlorenen Quellen der Ströme suchen, und ihr sollt eine verborgene Höhle sein, welche die matten Stimmen der Tiefen, die ihr jetzt nicht einmal hört, widerhallt.

Ihr sollt tiefer als eure Worte und tiefer als alle Klänge zum wahren Herzen der Erde gehen, und dort werdet ihr alleine sein mit ihm, der auf den Bahnen der Sterne wandelt.«

Nach einer Weile bat einer der Schüler: »Meister, sprich zu uns vom *Sein*. Was ist *sein*?«

Und Almustafa blickte ihn lange liebevoll an. Dann erhob er sich und ging hinweg von ihnen. Als er zurückkehrte, sagte er: »In diesem Garten liegen mein Vater und meine Mutter, von den Händen des Lebens begraben; und in diesem Garten liegen die Samenkörner des vergangenen Jahres, von den Schwingen des Windes hierher getragen. Tausend Male werden meine Mutter und mein Vater hier begraben; und tausendmal wird der Wind den Samen begraben; und in tausend Jahren werden ihr und ich und diese Blumen wieder zusammenkommen in diesem Garten, so wie jetzt, und wir werden *sein*, liebendes Leben, und wir werden *sein*, träumend vom Raum, und wir werden *sein* und uns zur Sonne erheben.

Doch heute zu *sein*,

heißt weise sein, wenn auch vertraut mit der Torheit; heißt stark sein, aber nicht zum Schaden des Schwachen; heißt mit den Kindern spielen, aber nicht als ihre Väter, sondern als ihre Kameraden, die ihre Spiele lernen wollen;

heißt, einfach und offen sein mit den Alten und mit ihnen im Schatten betagter Eichen sitzen, auch wenn ihr noch im Frühling steht;

heißt, einen Dichter suchen, auch wenn er hinter sieben Flüssen wohnt, und in seiner Gegenwart Frieden empfinden, nichts wollen, ohne Zweifel sein und ohne Frage auf den Lippen;

heißt wissen, dass der Heilige und der Sündige Zwillingsbrüder sind, deren Vater unser barmherziger König ist, und dass der eine nur kurz vor dem anderen geboren wurde, weshalb wir ihn als Kronprinzen betrachten;

heißt, der Schönheit folgen, auch wenn sie zum Rande des Abgrunds führt; und wenn sie Flügel hat, ihr aber ohne Flügel seid, ihr folgen, auch wenn sie über den Abgrund geht, denn wo keine Schönheit ist, da gibt es nichts;

heißt, ein Garten sein ohne Mauern, ein Weinberg ohne Wächter, eine Schatzkammer, immer offen stehend für Besucher;

heißt ausgeraubt, betrogen, enttäuscht, ja sogar irregeführt, in die Falle geraten und dann verspottet sein, trotz alledem aber herabblicken von der Höhe eures größeren Selbst und lächeln im Bewusstsein, dass es einen Frühling gibt, der in euren Garten kommt, um in euren Blättern zu tanzen, und einen Herbst, der eure Trauben reifen lässt;

heißt wissen, dass ihr nur ein Fenster nach Osten öffnen müsst, um niemals allein zu sein, und wissen, dass alle, die für Übeltäter und Räuber gehalten werden, eure Brüder sind, die ihr braucht, und dass ihr selbst all das seid in den Augen der seligen Bewohner der unsichtbaren Stadt jenseits von uns.

Und nun zu euch, deren Hände all die Dinge formen und finden, die nützlich sind für das Wohlergehen unserer Tage und Nächte: *Sein* heißt, ein Weber sein mit sehenden Fingern; ein Baumeister, der auf Licht und Raum achtet; ein Bauer, der fühlt, wie er mit jedem Samenkorn einen Schatz vergräbt; ein Fischer und ein Jäger mit Erbarmen für den Fisch und das Tier, jedoch mit größerem Erbarmen für den Hunger und die Not der Menschen.

Und ich sage euch: Ich möchte jeden Einzelnen von euch als Gefährten haben, zum Nutzen eines jeden; denn nur so könnt ihr hoffen, eure eigenen höheren Ziele zu erreichen.

Meine geliebten Kameraden, seid mutig und nicht sanftmütig; schafft Raum in euch und seid nicht beengt; und bis zu meiner und eurer letzten Stunde versucht, euer größeres Selbst zu sein.«

Und er hörte auf zu sprechen, und tiefe Trauer ergriff die neun Männer, und ihr Herz ward abgewandt von ihm, denn sie verstanden seine Worte nicht.

Und siehe, die drei Seeleute verlangten nach dem Meer; und die, welche im Tempel gedient hatten, sehnten sich nach dem Trost des Heiligtums; und die, welche seine Spielkameraden gewesen, wünschten sich auf den Marktplatz zurück. Sie alle waren taub für seine Worte, sodass deren Klang zu ihm zurückkehrte wie müde und heimatlose Vögel, die Zuflucht suchen.

Almustafa entfernte sich von ihnen, sprach nicht und blickte sie nicht an. Und sie begannen, über sich nachzudenken und eine Entschuldigung zu suchen für ihr Verlangen, gehen zu wollen.

Und siehe, sie wandten sich um, und ein jeder ging an den Platz, von dem er gekommen; und Almustafa, der Erwählte und Geliebte, blieb allein.

ALS DIE NACHT hereinbrach, wandte er sich zur Grabstätte seiner Mutter und setzte sich neben eine Zeder, die den Platz überschattete. Und es fiel ein Schein gleißenden Lichts vom Himmel, und der Garten glänzte wie ein leuchtendes Juwel an der Brust der Erde.

Und Almustafa schrie auf in der Einsamkeit seines Geistes und sagte:

»Schwer beladen ist meine Seele mit ihrer eigenen reifen Frucht. Wer kommt und nimmt sie und ist erfüllt von ihr? Gibt es keinen, der gefastet hat und guten Willens ist, der kommt und meiner ersten Ernte wegen sein Fasten bricht und mich so vom Gewicht meines eigenen Überflusses befreit?

Meine Seele fließt über vom Wein der Zeiten. Gibt es keinen Durstigen, der trinken will?

Siehe, ein Mann stand an einem Kreuzweg und hielt den Vorübergehenden die Hände entgegen, und sie waren mit Juwelen gefüllt. Und er rief den Vorübergehenden zu: ›Habt Mitleid und nehmt von mir. Im Namen Gottes, leert meine Hände und tröstet mich.‹ Doch die Vorübergehenden blickten ihn nur an, und keiner nahm von seiner Hand.

Wäre dies einem Bettler geschehen, dass er seine zitternde Hand um eine Gabe ausstreckt und sie leer an die Brust zurückführt, so wie ich sie voll reicher Gaben hinstrecke und niemanden finde, der sie nimmt?

Und siehe, da war ein reicher Fürst, der seine seidenen Zelte zwischen dem Gebirge und der Wüste errichtete und seine Knechte beauftragte, Feuer zu entfachen für den Fremden und den Wanderer; und der alle Diener hinsandte, um auf der Straße Ausschau zu halten nach einem Gast. Aber die Straßen und Pfade der Wüste waren leer, und sie fanden keinen. Dieses wäre nicht geschehen, wäre dieser Fürst ein Mann von nirgendwo und niemals gewesen, auf der Suche nach Nahrung und Schutz. Dies wäre auch keinem Wanderer geschehen, der nichts gehabt hätte als seinen Stab und ein irdenes Gefäß. Denn bei Einbruch der Nacht hätte er seinesgleichen getroffen und die Dichter von nirgendwo und niemals, und sie hätten ihre Beute geteilt und ihre Erinnerungen und ihre Träume.

Und siehe, die Tochter eines großen Königs erhob sich vom Schlaf und legte ihr seidenes Gewand an mit Perlen und Rubinen und besprühte ihr Haar mit Moschus und tauchte ihre Finger in Amber. Dann stieg sie von ihrem Turm in den Garten hinab, wo der Tau ihre goldenen Sandalen netzte.

In der Stille der Nacht suchte die Tochter des

großen Königs Liebe, doch im ganzen unermesslichen Reich ihres Vaters war keiner, der ihr Liebe schenken wollte.

Wäre dies geschehen, wenn sie die Tochter eines Bauern gewesen wäre, die die Schafe auf dem Felde hütete und am Abend zum Hause des Vaters zurückkehrt mit dem Staub der Straße an den Füßen und dem Geruch der Weinberge in den Falten ihres Gewands? Nein, denn wenn die Dunkelheit einbricht und der Engel der Nacht über der Welt ist, wird sie zum Flussbett schleichen, wo ihr Liebhaber wartet.

Würde dies geschehen, wenn sie eine Nonne in einem Kloster wäre, deren Herz vom Weihrauch entflammt ist, sodass es sich zum Himmel erheben kann, und deren Gesicht sich so verzehrt wie eine Kerze, die Licht sendet, einem größeren Licht entgegen, und die sich all denen verbunden weiß, die opfern und lieben und geliebt werden?

Und würde dies geschehen, wenn sie eine Frau – alt an Jahren – wäre, die in der Sonne sitzt und jener gedenkt, die die Jugend mit ihr geteilt?«

Die Nacht nahm zu, und Almustafa war düster wie sie, und sein Geist glich einer schweren Wolke, und von neuem rief er:

»Schwer beladen ist meine Seele mit ihrer eignen reifen Frucht, schwer beladen mit der Ernte. Wer kommt, um zu essen und sich an ihr zu sättigen?

Meine Seele fließt über vom eigenen Wein. Wer kommt, um zu trinken und von der Hitze der Wüste sich abzukühlen?

Warum bin ich nicht ein Baum ohne Blüten und Früchte? Denn die Qual des Überflusses ist bitterer als die Dürftigkeit, und die Trauer des Reichen, von dem niemand nimmt, ist größer als die Trauer des Bettlers, dem keiner gibt.

Weshalb bin ich keine Quelle, vertrocknet und versiegt, und Menschen werfen Steine in mich? Denn es wäre besser und leichter, eine drückende Last zu verspüren, als eine Quelle lebenden Wassers zu sein, gereicht den Menschen, die vorübergehen und nicht trinken wollen.

Warum bin ich nicht ein zertretenes Schilf? Denn dies wäre besser, als eine Lyra zu sein, mit silbernen Saiten, in einem Haus, dessen Herrn die Finger fehlen und dessen Kinder taub sind.«

S IEBEN TAGE und Nächte näherte sich niemand dem Garten, und Almustafa blieb allein mit seinen Erinnerungen und seinem Schmerz; denn auch die, welche seine Worte mit Liebe und Geduld gehört, hatten sich den Geschäften früherer Tage zugewandt.

Nur Karima kam. Stille umhüllte ihr Gesicht wie ein Schleier. Sie brachte einen Becher und eine Schüssel, Trank und Speise, um seine Einsamkeit und seinen Hunger zu lindern, und stellte dies vor ihn hin. Dann machte auch sie sich auf den Weg.

Und Almustafa ging zu den weißen Pappeln am Eingang des Gartens. Dort setzte er sich nieder und blickte auf die Straße. Und nach einer Weile nahm er eine Staubwolke wahr, die über die Straße fegte und sich ihm näherte. Und aus der Wolke traten die neun Schüler, geleitet von Karima.

Almustafa trat ihnen entgegen, und sie gingen durch das Tor, und alles war so, als ob sie ihn erst vor einer Stunde verlassen hätten.

Sie betraten das Haus und aßen mit ihm zu Abend an seinem bescheidenen Tisch, auf den Karima Brot und Fisch gelegt. In die Becher hatte sie den Rest des Weins gegossen und bat nun den Meister: »Lass mich in die Stadt gehen, denn wir haben keinen Wein mehr, um die Becher zu füllen.«

Er blickte sie an, und in seinen Augen lag Sehnsucht nach einem fernen Land, und er sagte: »Nein, dieser genügt für den Augenblick.«

Und sie aßen und tranken und waren gesättigt. Als das Mahl zu Ende war, sprach Almustafa mit feierlicher Stimme, tief wie die See und kraftvoll wie eine gewaltige Flut unter dem Mond: »Meine Kameraden und Weggefährten, der Tag der Trennung ist gekommen. Lange segelten wir auf gefährlichen Meeren, wir erklommen die steilsten Berge und rangen mit den Stürmen. Wir haben den Hunger kennen gelernt und wir saßen an Hochzeitstafeln. Oft waren wir nackt und oft trugen wir königliches Gewand. Weit sind wir gereist, doch jetzt scheiden wir. Ihr werdet euren Weg gemeinsam gehen, und ich den meinen alleine.

Auch wenn Meere und weite Länder uns trennen, werden wir zusammen sein auf unserer Reise zum heiligen Berg.

Doch bevor sich unsere Wege trennen, will ich euch die Ernte und die Lese meines Herzens reichen:

Geht euren Weg singend; doch soll jedes Lied kurz sein, denn nur die Lieder, die jung auf euren

Lippen sterben, werden in den Herzen der Menschen leben.

Erzählt mit wenigen Worten eine freudige Wahrheit, doch niemals eine hässliche. Sagt dem Mädchen, dessen Haar in der Sonne glänzt, dass sie die Tochter des Morgens ist. Doch wenn ihr einen Blinden seht, so sagt ihm nicht, er sei ein Sohn der Nacht.

Hört dem Flötenspieler zu, als vernähmet ihr das Lied des April; doch wenn ihr den Krittler und Nörgler sprechen hört, seid taub wie euer eigenes Gebein und weit entfernt wie eure Phantasie.

Meine geliebten Freunde, auf eurem Weg werdet ihr Menschen mit Hufen treffen: Gebt ihnen Schwingen; und Menschen mit Hörnern: Gebt ihnen Lorbeerkränze. Und andere mit Klauen: Gebt ihnen Blumenblätter als Finger. Und Menschen mit gespaltener Zunge: Gebt ihnen Honig für ihre Reden.

All diesen werdet ihr begegnen und noch anderen: Ihr werdet den Lahmen treffen, der Krücken verkauft; und den Blinden, der mit Spiegeln handelt. Und ihr werdet dem Reichen begegnen, der am Tor des Tempels bettelt.

Dem Lahmen gebt von eurer Schnelligkeit, dem Blinden von eurer Sehkraft; und trachtet, den reichen Bettlern von eurem Selbst zu geben; sie sind von allen die Bedürftigsten, denn sicher würde keiner die Hand nach Almosen ausstrecken, ohne wirklich arm zu sein, auch wenn er große Güter sein Eigen nennt.

Meine Kameraden und Freunde, ich ermahne euch bei unserer Liebe, Pfade zu sein, die einander in der Wüste kreuzen, dort wo Löwen und Kaninchen, Wölfe und Schafe aufeinander treffen.

Und denkt daran: Ich lehre euch nicht das Geben, sondern das Empfangen; nicht die Verweigerung, sondern die Erfüllung; und nicht den Gewinn, sondern das Verstehen, mit einem Lächeln auf den Lippen.

Ich lehre euch nicht die Stille, sondern ein sanftes Lied.

Ich lehre euch ein größeres Selbst, das alle Menschen in sich tragen.«

Und er erhob sich vom Tisch; begab sich in den Garten und trat in den Schatten der Zypressen, da es Abend war. Und seine Schüler folgten ihm in kurzer Entfernung, denn ihr Herz war schwer und ihre Zunge klebte ihnen am Gaumen.

Nur Karima trat zu ihm und sagte: »Meister, erlaube, dass ich ein Mahl bereite für den morgigen Tag und deine Reise.«

Und er blickte sie mit Augen an, die in andere Welten sahen, und sprach: »Meine geliebte Schwester, alles ist vollendet, schon seit dem Anbeginn der Zeit. Speise und Trank sind bereitet, für den morgigen Tag wie für den gestrigen und für unser Heute.

Ich gehe, doch wenn ich mit einer ungesagten Wahrheit gehe, wird mich diese wieder suchen und mich finden, wenn auch die Teile meines Seins in der Stille der Ewigkeit verstreut sind. Und ich werde wieder zu dir kommen, um mit einer neugeborenen Stimme zu sprechen aus dem Herzen dieser grenzenlosen Stille.

Und wenn es etwas Schönes gibt, das ich dir nicht gezeigt, dann werde ich einst wieder gerufen, sogar bei meinem eigenen Namen; und ich werde dir ein Zeichen geben, damit du weißt, dass ich zurückgekommen bin, um von all dem zu sprechen, das noch nicht verkündet ist; denn Gott wird es nicht ertragen, dass er vom Menschen verborgen wird und dass sein Wort begraben liegt im Abgrund des menschlichen Herzens.

Ich werde jenseits des Todes leben und ich werde in euren Ohren singen, auch wenn die ungemessene Woge der See mich zurückträgt zur unermesslichen Tiefe des Meeres.

Ich werde an eurer Tafel sitzen, doch ohne einen Körper, und ich werde mit euch auf die Felder gehen als unsichtbarer Geist. Und ich werde zu euren Feuerstellen kommen als ein ungesehner Gast.

Der Tod verändert nichts außer den Masken, die unsere Gesichter bedecken. Der Holzfäller wird auch dann ein Holzfäller sein, der Bauer ein

Bauer, und der, der sein Lied dem Wind gesungen, wird es auch den Sphären singen.«

Die Schüler waren stumm wie Steine und trauerten in ihren Herzen, da er gesagt hatte: »Ich gehe.« Doch keiner streckte die Hand aus, um ihn zurückzuhalten, noch folgte ihm einer.

Und Almustafa verließ den Garten seiner Mutter, und sein Schritt war rasch und tonlos. In einem Augenblick – wie ein Blatt, das von einem starken Wind getrieben wird – war er weit fort von ihnen; und sie sahen nur noch ein schwaches Licht, das den Hügeln zustrebte.

Und die neun gingen die Straßen hinab. Die Frau aber blieb, bis die Nacht hereinbrach, und sie sah, wie das Licht und das Zwielicht eins wurden; und sie stillte ihr Leid und ihre Einsamkeit mit seinen Worten: »Ich gehe, doch wenn ich mit einer ungesagten Wahrheit gehe, wird mich diese wieder suchen und mich finden, und ich werde wiederkommen.«

Nun war es Nacht geworden.

Almustafa hatte die Hügel erreicht. Sein Schritt hatte ihn zum Nebel geführt, und er stand, vor allem verborgen, inmitten der Felsen und weißen Zypressen; und er sprach:

»O Nebel, meine Schwester, weißer Atem,
noch nicht in einer Form gefangen,
ich kehre zu dir zurück als weißer Atem
und ohne Stimme,
als noch nicht ausgesprochnes Wort.

O Nebel, meine beflügelte Schwester,
nun sind wir vereint,
und wir werden zusammenbleiben bis
zum nächsten Tag des Lebens,
dessen Morgendämmerung dich als
Tautropfen in einen Garten legt
und mich als Kind an die Brust einer Frau,
und wir werden uns erinnern.

O Nebel, meine Schwester, ich kehre zurück,
als Herz, das in seine Tiefen horcht,

wie auch dein Herz;
ein Wunsch, bebend und ohne Ziel, wie der deine,
ein Gedanke, noch nicht gesammelt, wie der
deine.

O Nebel, meine Schwester, Erstgeborne meiner
Mutter,
meine Hände halten noch die grünen Samen, die
zu verstreuen du mich batest,
und meine Lippen sind versiegelt von dem Lied,
das zu singen du mich hießest.
Ich bringe keine Frucht und keinen Widerhall,
denn meine Hände waren blind und meine Lippen
ohn' Ertrag.

O Nebel, meine Schwester, wie liebte ich die Welt,
und wie liebte sie mich wieder,
denn all mein Lächeln lag auf ihren Lippen, und
ihre Träne stand in meinem Auge.
Doch gab es eine Kluft der Stille zwischen uns, die
sie nicht überbrücken
und ich nicht überschreiten konnte.

O Nebel, meine Schwester, meine Schwester Nebel, ohne Tod,
einst sang ich alte Lieder meinen kleinen Kindern,
und sie hörten zu, Bewunderung auf ihrem Antlitz.
Doch morgen werden sie das Lied vielleicht vergessen,

und ich weiß nicht, zu wem der Wind es tragen wird.
Obwohl es nicht das meine war, so kam es doch zu meinem Herzen
und lag für einen Augenblick auf meinen Lippen.

O Nebel, meine Schwester, auch wenn alles dies vergeht,
bin ich im Frieden.
Es genügte mir, für die zu singen, die geboren sind.
Und wenn das Lied auch nicht das meine ist, entspringt es meines Herzens tiefstem Wunsch.

O Nebel, meine Schwester Nebel,
nun bin ich eins mit dir.
Nicht länger mehr bin ich mein Selbst.
Die Mauern sind gestürzt, die Ketten sind zerbrochen.
Zu dir steig ich – ein Nebel selbst – empor.
Wir werden auf dem Meere treiben bis zum nächsten Tag des Lebens,
wenn die Morgendämmerung dich als Tautropfen in einen Garten legt
und mich als Kind an die Brust einer Frau.«

JASON LEEN

DIE HEIMKEHR DES PROPHETEN

Dieser Text ist die von Khalil Gibran und *Almitra* inspirierte
Ergänzung der Trilogie und wurde von Jason Leen 40 Jahre nach
Gibrans Tod niedergeschrieben (siehe Nachwort).

ALMUSTAFA, der Erwählte und Geliebte, der seiner Zeit eine Abendsonne war, reiste für viele Jahreszeiten fern von der Insel, der Heimat seiner Vorfahren, weit bis in unbekannte Länder.

Und inmitten der Folge jener irdischen Jahreszeiten, da besuchte sein Herz eine Jahreszeit von anderer Art und riet ihm, zurückzukehren in die Stadt seiner Jugend. Es war der Monat Jelul, zur Jahreszeit des Erntens, da er zum zweiten Male zur Stadt Orphalese zurückkehrte, neun Jahre vom Tage der Zeit seines Abschieds.

Seine Wiederkehr war die eines Mannes, schwer beladen mit den Früchten seiner Männlichkeit, und so würde er die Ernte einbringen und mit liebenden Händen verzehren.

Für viele Tage begrüßten mich diese Gefühle wie treue Botschafter seines Herannahens. Und so wie es sich ereignet hatte bei seiner ersten Ankunft, so ereignete es sich bei seiner Wiederkehr, dass seine Lichtgestalt mich besuchte während der Dunkelheit, bevor ich seine fleischliche Gestalt am Tage erblickte.

Und so wie ich ihn das erste Mal gesucht hatte,

so suchte ich nun nach ihm und fand ihn, als er kaum eine kleine Weile in der Stadt war.

Als ich ihn zuerst erblickte, erschien er gleichzeitig älter und jünger. Denn seine Augen waren sanfter und dennoch glänzender, und seine Gestalt war gebeugter, dennoch erschien er so dauerhaft wie die Erde selbst.

Seine Augen suchten die meinen, als ich herankam, und er erhob sich, mich zu begrüßen. Seine Hände nach mir ausstreckend, sagte er:

»Almitra, meine Schwester des Lichtes! Lange suchte und schaute dich das Auge meiner Seele in der Folge deiner Tage, und lange haben dich die Flügel meines Herzens in den Träumen deiner Nächte umarmt.

Komm, stelle dich näher zu mir, sodass meine Augen in deiner Schönheit baden können, und öffne dein Herz, sodass wir unsere Seelen unter dem himmlischen Mantel der Sterne aufs Neue verschmelzen.«

Ich konnte nichts tun, außer mich vorwärts zu bewegen. Die Worte, die er gesprochen hatte, umfassten die Ozeane, und ich schritt, als trieben mich mächtige Wogen voran. Dennoch empfingen seine Hände mein Gesicht, so zärtlich, wie das Meer die Wolken empfängt. Ja, es war eine solche Zärtlichkeit, dass seine Hände ein eigenes Leben zu besitzen schienen, denn sehend wie die Hände eines blinden Mannes berührten sie mein Gesicht.

Aber noch nicht einmal für die Dauer eines Moments konnte ich mir ihn so vorstellen. Denn als Almustafa vor mir stand, da erschien ein Licht in seinen Augen, das bis auf den tiefsten Grund meines Seins hinabdrang. Und als das Wesen dieses Lichtes meine Seele berührte, da versammelte sich die Folge jener vergangenen neun Jahre im Heiligtum meiner Erinnerung und bereitete sich vor, sich Almustafa zu zeigen.

Ich wollte sprechen, ihren verschiedenen Rhythmen und Formen Leben verleihen, aber stattdessen fand ich mich noch tiefer hinabtauchend in das Licht seiner Augen.

Und so stand ich schweigend und fühlte, wie sich mein ganzes Sein mit diesem Lichte erfüllte, und er sprach zu mir: »Wisse, Almitra, ich bin nicht gekommen, die Worte des Gestern oder die unbezeugten Leidenschaften des Morgen zu suchen.

Vielmehr bin ich voll des Momentes, des JETZT; denn dieser ewige Augenblick ist die Geburtsstätte der Zeitalter, und so enthält er in der Unendlichkeit seiner eigenen Zeitlosigkeit alles, das Zeit heißt.

Ja, denn Gestern und Morgen treffen sich in immer währender stiller Vereinigung im JETZT.

Hier vermischen sie sich und strömen ihre funkelnden Weine in ihre beiden Gefäße aus – stillschweigend annehmend, dass du dich in einen trägen Schlaf hineintrinken und jenes Joch widerstandslos annehmen wirst, das sie bereithalten für dich.«

»Aber hüte dich, denn herrscht dieses Joch erst einmal, ist es schwer zu entfernen, weil seine Macht gleichzeitig kraftvoll und tückisch ist.

In deinem Rausch erscheinen dir Morgen und Gestern als notwendige Führer deines ganzen Seins. Dennoch tun sie nichts anderes, als dich in Kreisen zu führen. Dort webst du für immer die Träume der Zukunft mit den Taten der Vergangenheit und stellst so ein Gewand her; das trägst du, als sei es deine eigene Haut.

Ja, überaus seltsam sind die Handlungen, in die du verstrickt wirst.«

»Und während all dieser Zeit bist du daran gefesselt, diese Handlungen zu vollbringen, und bist nicht gewahr, dass du der Weber bist und der Webstuhl zugleich.

Denn in Wahrheit hast du mit deinen Handlungen Zeit geschaffen. Unsere verschiedenen Taten haben ihren Ursprung in nichts anderem als dem einen, dem rhythmischen Pulsschlag des unendlichen Momentes: Jetzt.

Almitra, entsage deinen Versuchen, die Zeit innerhalb des Augenblickes einzuschränken. Lieber wäre es mir, du deutetest jeden Moment als Türöffnung, die dich in die Unbegrenztheit des Raumes führen könnte, Raum, der übersprudelt von Leben.«

Er hielt inne, mir zu ermöglichen, die Kraft seiner Worte in mich aufzunehmen, und fuhr dann fort:

»Komm, Schwester, steige auf mit mir im Glanze und segele weit hinter die Wolken der Ungewissheit.

Obwohl wir unsere Seelen mit begrenzenden Gedanken verdunkeln, sind wir in Wahrheit jenseits aller Begrenzungen. Und obwohl wir uns innerhalb von Formen bewegen, sind wir wahrlich formlos.

Nimm das Licht dieser Wahrheit in dich auf, Almitra, und lass es dich nähren, so wie die Sonne den Samen nährt, sodass du erleuchtet wirst, deine Augen zu deinem höheren Selbst zu erheben, das voller Liebe dich erwartet und immerdar über dir wacht.

Und erkenne inmitten der verzückten Umarmung dieser Erleuchtung die Einheit der kleineren und größeren Wesenheiten. Verstehe, dass es in Zeit und Raum nur ein Selbst gibt. Ja, eine einzige Quelle für alle lebenden Wesen, den Geist des Lebens selbst.

Und begreife ebenso, dass du, einmal vereinigt mit diesem Geist, jedem Wesen in Raum und Zeit verbunden bist. Und so soll es sein, denn obwohl du auf Erden weilst, bist du nicht gänzlich von Erde und wirst die Freude der Freiheit des Raumes erfahren und kennen lernen.«

Bei diesen letzten Worten entströmte das Licht, das Almustafa in seinen Augen gesammelt hatte, wie flüssiges Gold und breitete sich in eine sichtbare Sphäre auf, die unser beider Gestalt in die ihr eigene Morgenröte einhüllte.

Im Licht vereint, tauchten wir tief hinab in die Nacht, bis die ersten Lichtstrahlen der Dämmerung unsere Rückkehr begleiteten.

Schließlich, zurück in der Stadt, gingen wir sofort in den Tempel, denn eine erwartete uns dort mit bangen Gedanken. Wir kamen leise, doch hörte sie uns mit ihren empfindsamen Ohren; und so kam sie, uns in der Eingangshalle zu begrüßen. Wärme und Lächeln waren ihre Geschenke, als sie uns umarmte, und sie fuhr fort, sie zu schenken, als sie sich zu Almustafa begab.

Sie wandte sich dem Licht zu, stand vor ihm und sagte mit sanfter Stimme:

»Ich bin Sarah.«

Und nun sah er den Beweis des Geschenkes, das das Leben ihr bald überreichen würde.

Er lächelte. Für einen Moment verharrte er schweigend, ehe er zu ihr ging, sie voller Güte umarmte und sagte: »Gepriesen seist du, Mutter der Sterne, denn in dieser Blume wird der Tempel weiter erblühen.«

Für lange Zeit schwiegen wir. Dann sagte ich: »Kommt, lasst uns in den Garten gehen und dort unser Mahl verzehren, wo es von den Strahlen der Morgensonne erwärmt wird.«

Wir setzten uns zwischen zwei Zypressenbäume und teilten das Mahl im Schweigen, in dem das unhörbare Lachen unserer Kindheitsfreuden und die frohlockenden Lieder unseres höheren Selbstes widerhallten.

Das Schweigen blieb ungebrochen, bis Almustafa sich Sarah zuwandte und bat:

»Sarah, obwohl ich dich nur Augenblicke kenne, ist etwas um dich, das mich dir einen Rat schenken lässt, so als ob eine alte Freundschaft uns verbände.

Und so bitte ich dich, mir zu sagen, welcher Schatten auf dein Herz fällt, vielleicht vermag ich seinen Einfluss auf dich aufzulösen. Befreie dein Herz von der Last, und befähige es stattdessen, sich den Wundern der Freude und Liebe zu öffnen.«

Seine Worte enthielten einen machtvoll heilenden Balsam für Sarah. Und als sie ihm antwortete, geschah dies mit einer Ruhe des Gemütes, die sie seit Monaten vermisst hatte.

»Almustafa, viele Male hat Almitra ihre Gedanken über die Kraft deiner Erleuchtung mit mir geteilt, aber jetzt erfahre ich sie zum ersten Mal.

Und in der Tat ist es seltsam, denn wirklich sahst du in das Innerste meines Seins, und da ist kein Raum mehr, die Gedanken zu verheimlichen, die du, das fühle ich, schon kennst.

Du hießest mich sprechen, und so bitte ich dich, mit mir dein Geschenk der Erleuchtung zu teilen und mir den Lauf meiner Tage zu enthüllen.

Führe mich mit deinem Licht; einmal waren auch meine Augen voller Licht, doch jetzt sind sie nur voller Schatten der Verwirrung und der Sorge.

Bruder, ich könnte schon wissen, was kommt, denn vieles hat sich ereignet, das deutlich vom Wandel kündet, aber das Wissen davon muss sich noch einstellen.«

»Almitra sprach von den Zyklen ihres Tempels, dass immer dann, wenn die Zeit naht für eine, den Tempel zu verlassen, eine andere kommt, ihren Platz einzunehmen; und diese beiden kennen sich in besonderer Art und Weise.

Fast zwei Jahre bevor ich diese Hallen betrat, da träumte ich von einer Frau und kannte ihr Gesicht so wie das meine. Da ich jedoch einen Mann heiratete mit wenig Verständnis für diese Dinge, behielt ich diese Visionen für mich. Aber mit dem Tod meines Mannes in diesem Jahr musste ich dieses Gesicht suchen, wenn es denn wirklich auf Erden weilte. Ich suchte in vielen Städten und Dörfern und fand sie nicht. Dennoch hörte mein Herz nicht auf, mir zu sagen, ich solle die Suche fortsetzen.

Dann, eines Morgens, ich saß auf dem Marktplatz dieser Stadt, da kam sie. Und wir erkannten uns auf eine Art, in der ich niemals jemand anderen kannte.

Seit meiner Ankunft hat sie ihre Weisheit mit mir geteilt; und nun, da du hier bist und damit ihren Traum deiner Ankunft erfülltest, wartet sie nur noch, mir zu helfen, mein Kind zur Welt zu bringen, ehe sie geht.

Aber, Almustafa, was wird aus mir?

Wie kann ich dienen? Wie kann ich das geben, das ich nicht zu besitzen scheine?

Und was ist mit meinem Kind? Ist das hier unser Zuhause?«

Almustafa hob seine Hand und sprach zu ihr mit einer Geste des Trostes:

»Sarah, Frieden sei mit dir.«

Lange beruhigte er sie mit seinem Blick und fuhr dann fort zu sprechen:

»Schwester, warum bist du über deine Entwicklung verwirrt? Weißt du nicht, dass der *Geist des Lebens* jeden deiner Schritte lenkt?

Es wäre viel besser für dich, Vereinigung mit diesem Geiste zu suchen, als hier zu sitzen und mich zu befragen.

Denn nur dieser Geist kann dir die Geheimnisse deines Herzens enthüllen. Und die Schätze, die du suchst, sind viel eher dort, als in dem Fortschreiten der Tage verborgen.

Vergiss nicht, Sarah, dass die Tage der Welten gezählt, aber die Wunder des Herzens unendlich sind.«

»Wenn du einst die Geheimnisse, die dir geschenkt sind, enthüllst, bin ich sicher, dass in der Tat viele Schätze ausgeteilt werden, denn du bist wie der Same, aus dem dieser Wald hier entsprang.

In deiner Jugend kannst du dir das Leben, das aus dir hervorgehen wird, so wie der Baum aus dem Samen, noch nicht vorstellen.

Und wenn du wächst, um der Baum zu werden, erinnerst du dich nicht, Same gewesen zu sein.

So, unfähig den Kreis deines eigenen Seins zu verstehen, bist du nicht fähig, das ganze Reich des Lebens zu erfassen. Ohne aber das Ganze des Lebens zu empfangen, lebst du nur innerhalb der begrenzten Welt deines eigenen Verstehens.

Und du kannst nur in die Höhe wachsen, die du dir vorstellen kannst, so wie der Baum nur in der Weise emporstreben kann, in der seine Wurzeln die Tiefe der Erde erreichen.

Sarah, das ganze Universum könntest du betrachten, und dennoch, da du die Einheit der Dinge nicht verstehst, fiele dein Schauen ins Nichts.

Im besten Falle erlangtest du einen flüchtigen Eindruck von dem, das du zu sehen trachtest; denn wenn das Licht der Einheit deine Vision nicht erleuchtet, empfängst du nichts als Dunkel und Schatten.

Aber begreife, dass dein Verstehen des Universums zunächst in dir selbst geboren sein und die unterschiedlichen Arten des Selbst enthalten muss. Denn nur durch dein Begreifen des Selbst wirst du das Universum verstehen.

Ja, Sarah, du musst wachsen und dein Selbst erfahren.«

»Und so trachte danach, in deinem Wachstum mehr dem Baum zu gleichen, unter dem wir hier sitzen. Denn obschon ein Same ihn hervorbrachte, gab bereits dieser Same das Leben, das ihm innewohnte, frei, und so musst du dich freigeben. Der Same fürchtete nicht, in welcher Art er wachsen würde, noch wohin, noch als was, noch wann er wachsen würde. Er tat nichts anderes, als sich zu befreien – und dennoch wuchs er. Und während er vom Leben sang, vollendete er den heiligen Bund zwischen Himmel und Erde.

Denn dieser Baum ist nur wenig anders als Erde und Himmel. Er ist Erde, die sich in den Himmel erhob, um die Berührungen des Windes und des Regens zu suchen, und Himmel, der sich tief in die Erde tauchte, ihr Innerstes zu berühren.«

»Ja, Schwester, gerne sähe ich dich diesem Baum ähnelnd; und dennoch, sogar jetzt bist du ihm ähnlich in vielerlei Form, die nicht unbeachtet bleibt.

Denn muss nicht der Baum als Same seine Hülle abwerfen, um in den Himmel zu steigen? Ebenso wirst du deine Hülle ablegen, wenn du dich von deinem Samen-Selbst in dein Himmels-Selbst erheben wirst.

Und muss nicht der Baum seine Wurzeln tief in die Erde graben, ehe er sich majestätisch in den Himmel erheben kann? Ebenso musst du die Tiefen deines Seins erschließen, ehe du dich in die Höhen deines Seins erheben kannst. Und, Sarah, vereinigt sich der Baum nicht immer während mit allen Elementen, die seiner Entwicklung dienen? Empfängt er nicht den kühlen, feuchten Kuss des Regens mit gleicher Freude wie den feurigen, heißen Kuss der Sonne?«

»Und so sage ich dir, dass du auf ewig von dem umgeben bist, das deiner Entwicklung dient.

Könntest du nur diese Wahrheit erfassen, dich weit öffnen, das Geschenk, das sie bereithält für dich, zu empfangen, alle Erinnerung an Trennung schwände dahin, und es bliebe nur der leuchtende Gesang der Einheit, um dein ganzes Sein zu durchfluten.

Badest du erst in diesem Gesange, hält sogar der Tod dich nicht mehr zurück. Denn Tod ist verwandelt in Leben und steht vor dir, um dir zu dienen, nicht, dich zu hindern oder zurückzuhalten.

Nicht länger solltest du das Gesicht des Todes fürchten. Befreie dich, Sarah, und liebe ihn. Und wenn du ihn liebst, wirst du befreit sein von den Schmerzen, die du als besonderes Maß seines Geschenkes des Wachstums verlangt haben magst.«

Frieden sei mit dir. Sei gewiss, dass du auf ewig deinem höheren Selbst zustrebst, und begreife, dass sich nichts verändert, abgesehen von dem, das sich ändern muss, deine Entwicklung voranzutreiben.«

Die Freude seiner Worte wohnte in ihrem Herzen, und so fühlte Sarah, dass sie von der Ekstase ihres Gesanges widerhallte, und sie wurde der Verwunderung des Samens gewahr, der durch die letzten Schneekristalle des Winters emporstrebt, um von dem unvorstellbaren Feuer der Sonne willkommen geheißen zu werden.

An einem Abend, kurz nach seiner Ankunft, als Almustafa und ich auf einem Berg in der Nähe der Stadt weilten, näherte sich uns eine Gruppe von Männern, die ihn suchten. Und als sie herankamen, betrachtete er sie in Erinnerung an die Jugend, die sie mit ihm geteilt hatten, denn nun waren sie Männer und hatten die Tage ihrer Jugend vergessen.

Als sie vor ihm standen, erhob er sich, sie zu begrüßen, und ein jeder von ihnen begrüßte ihn als Meister und wurde zurückgegrüßt.

Almustafa schwieg eine Weile und ließ einen jeden die Zusammenkunft in Frieden genießen, dann sagte er:

»Ich freue mich, euch an diesem Abend zu treffen, aber bitte grüßt mich nicht weiter als Meister. Lieber möchte ich als euer Bruder begrüßt werden, denn ich verstehe jetzt, dass wir als Brüder uns treffen.

Wahrlich, kein Wesen dieser Erde ist vom anderen getrennt, außer durch die Entfernung der Angst, die die Furcht erzeugt. So bitte ich euch, eure Ängste beiseite zu legen und uns schnell jede

Entfernung durchqueren zu lassen, die uns für-
derhin trennen könnte.«

Er stand schweigend, als die Männer sich an-
schauten und eine Stimme suchten für ihre Antwort.

Schließlich erhob sich einer der Männer und
sagte:

»Bruder, wären wir Lasttiere, dann könnten wir
unsere schweren Lasten beiseite legen, aber es
scheint, dass unsere Ängste so einfach nicht über-
wunden sind.

Dennoch suchen wir dich hier auf, so wie wir
viele Male zuvor nach dir suchten: deiner Führung
und deines Wissens bedürftig.«

Almustafa wandte sich ihnen zu, und seine
Stimme vermischte sich mit der Freiheit des Flü-
gelschlags tausender Vögel, als er sagte:

»Brüder, gerne will ich euch raten, aber wie soll
ich euch antworten? Würde ich Nein sagen, würdet ihr annehmen, ich geizte mit meinem Licht,
und sagte ich Ja, ich führte euch nirgendwohin als
zu eurem eigenen Selbst.

Denn in Wahrheit gibt es nichts als dieses Selbst
in der gesamten Schöpfung.«

Für einen Augenblick hielt er inne und bedeutete ihnen, sich zu uns zu setzen, und nachdem sie
Platz nahmen, fuhr er mit seiner Rede fort:

»Nur durch das Begreifen der Wahrheit des
Selbst werdet ihr im immerdar fließenden Strom

des Lebens Frieden finden. Wahrlich, es ist dieser Friede, den ihr sucht, der das Gewand des Wissens trägt.

Seid gewiss, dass das Herz des Selbst in einem Rhythmus schlägt, aus dem alle anderen Rhythmen entsprangen. Für jeden von euch wäre es besser, diesem einzigen Rhythmus zu lauschen, um dadurch den Schlag eures Herzens auf ihn einzustimmen.

Denn so würdet ihr euer Geburtsrecht einfordern und in Harmonie mit dem Leben sein. Ihr würdet verstehen, dass das Selbst grenzenlos ist, und dass ihr, kehrt ihr vor seiner Tür um, euch das Joch der Trennung und damit eine Last, die ihr nicht tragen solltet, aufbürdet.«

Er tröstete sie mit einem Lächeln und fuhr fort:

»Brüder, versucht mehr den Jahreszeiten der Erde zu gleichen, denn enthält nicht jede Jahreszeit in Wahrheit die kostbaren Geheimnisse der anderen drei?

Macht es ebenso! Entfaltet euch so weit, bis ihr die Gesamtheit des Lebens umfasst.

Ja, nehmt das unsichtbare Kreisen der Sterne ebenso in euch auf wie die unsichtbaren Bahnen der Teile des Lichtes, die die Luft erfüllen, die ihr eben jetzt einatmet, und umarmt die Unendlichkeit.

Sogar jetzt, in eurer Vergesslichkeit, tut ihr nichts anderes als ebendas.

Ja, denn obwohl ich möchte, dass eure bewussten Taten mehr den Jahreszeiten ähneln, gleicht ihr ihnen in einer Art, die tief in euren unbewussten Bereichen ankert.

Denn ich sage euch, ihr schreitet fort, obwohl ihr euch in sprachloser Verwirrung befinden möget und euch eure Taten nicht im Bewusstsein bleiben, ihr schreitet unentwegt fort.«

»Denn wie alle Wesen, die sich dem Rhythmus der Jahreszeitenfolge verschmelzen, werdet ihr eines Tages am Tisch eures höheren Selbst sitzen.

Und an diesem Tisch wird eure Seele und euer Leib speisen.

So werdet ihr der Fülle des Lebens gewahr und überantwortet euch in des Lebens liebende Fürsorge, und ihr werdet wissen, dass, wann immer ihr hungert und was auch immer der Grund dafür sein möge, lediglich nötig ist, euer Herz und euer Bewusstsein zu öffnen.

Wahrhaftig, ganz in eurer Nähe werdet ihr finden, was euren Hunger stillt.

Und so werdet ihr erkennen, dass ein jeder von uns, der auf Erden weilt, bereits die Antwort auf jede Frage, die sich ihm stellt, in sich trägt.«

Almustafa hielt plötzlich inne und schwieg, bis sich eine Stimme aus der Gruppe erhob und ihn fragte:

»Was ist mit den wirklichen Schätzen deiner Seele, Almustafa? Enthüllen deine Worte uns wahrhaftig dein Wissen, oder behieltest du einige Geheimnisse für dich?«

Almustafa blickte auf und antwortete:

»Brüder, suchet nicht die Fesseln des Wissens, suchet vielmehr die Freiheit des Seins.

Und darüber hinaus, meine Freunde, suchet nicht dem in eurer Seele Wohnstatt zu geben, das nicht, in euren Herzen schon Einkehr hielt.

Aber seid gewahr, dass die Gefühle und Kräfte, die in euren Herzen wohnen, in eurem Bewusstsein die Gesamtheit ihres Wesens entfalten werden, genau so wie die Gefühle meines Herzens sich an diesem Abend durch meine Worte offenbaren.

Wahrhaftig, nichts anderes braucht ihr zu tun, als die Einheit eures Selbst entschleiern, um seine Freiheit zu begreifen.

Ja, ihr müsst viel eher finden, als weiterhin suchen, denn im Finden werdet ihr alle eure Träume nach Hause tragen, und dort werden sie rasten, und ihr werdet schließlich den Frieden empfangen, den ihr suchtet.

Und obwohl ihr auf immer in dem niemals stillstehenden Flusse des Lebens schwimmen werdet, sollt ihr euch niemals sorgen, denn seid euch bewusst, dass alles so ist, wie es sein sollte.

Und im Allerheiligsten dieses Friedens werdet ihr alle Mysterien des Lebens erblicken. Und während ihr weit über die Mauern des Verstehens hinausgeht, werdet ihr euren Anteil des schönen und süßen Weines des Lebens trinken.«

»Und so, meine Brüder und Freunde, wie kann ich zu euch kommen?

Ihr seid wie die warmen und gut gewässerten Felder, die nur noch der liebevollen Hände des Jätens und Schnitters bedürfen.

Durch das Jäten und Ernten eurer Felder werdet ihr Kraft und Sehnsucht verspüren, die Ernte zu sammeln und zu verzehren.«

Als Almustafa schwieg, verlor sich der Zauber, den seine Worte über die Männer ausgeströmt hatten. Dennoch sah ein jeder lange zu ihm auf, verharrte schweigend und brach dieses Schweigen erst, als sich alle versammelten, ihn zu umarmen. Dann erhob sich wie zu Beginn einer der Männer und verlieh ihren Gefühlen Ausdruck:

»Almustafa, deine Worte haben die vertrockneten Regionen unserer Herzen in die Gärten unserer Seelen verwandelt. Mehr kann niemand verlangen, und ebenso kann niemand mit Worten unseren Dank dafür ausdrücken, dass wir solches erfahren durften. So können wir nur Lebewohl sagen und unsere Häupter vor dir neigen.«

Mit diesem Gruß gingen die Männer so still, wie sie gekommen waren.

Nach einer Weile wandte ich mich Almustafa zu, und meine Augen flehten die seinen an, so wie meine Worte sein Herz suchten. Und ich sagte:

»Bruder, was ist mit denen mit ausgedorrten Gliedmaßen und geschwächter Haltung? Willst du versuchen, einem jeden allein mit deinen Worten dienlich zu sein?«

Er nahm meine Hände in die seinen und antwortete mir:

»Schwester, um die Wahrheit in all ihren Facetten, ihrer zarten Schönheit, ihrer lebendigen Anmut wahrnehmen zu können, muss man unter die Oberfläche jener Facetten und Gestalten schauen.

Und sogar jetzt ist das wahr; denn ich sage dir, wäre dir die vollständige Wahrheit dieses abendlichen Treffens bekannt, würdest du verstehen, dass für einen jeden dieser Männer in einer Art gesorgt wurde, die ihn von seinen Nöten befreite. Wahrhaftig, jedermann erhielt heute Abend das Juwel, das er suchte.

Und so ist es und soll es sein mit allen, die mich suchen, denn sogar im Leid schmiegen sich die Wasser des Lebens an die Wurzeln und sehnen sich nur danach, gerufen zu werden. Ja, denn ich führe denen, die mich suchen, nichts anderes zu als ihr vollkommenes Selbst. Wahrlich, alle müssen sich auf diese Reise begeben, Almitra, denn ich werde nicht immer hier sein, um ihre Nöte zu lindern.«

Er erhob sein Haupt, bedeutete mir, so wie er zu den Sternen aufzublicken, und sprach mit sanfter Stimme:

»Wie schade ist es, dass die Menschheit sich in ihrer Hast, einen kleinen Teil des Wissens über das Leben zu erlangen, der Wahrheit seiner vollständigen und ewigen Einheit mit dem Ganzen des Lebens beraubt.«

Dann versank er in Schweigen und schien zwischen Himmel und Erde zu schweben, während er so stand und zu den Sternen aufsah. Und als er schaute, da erschien ein Licht in seinen Augen, das nicht geringer war als das Licht des leuchtendsten Sternes.

An einem anderen Abend erklommen Almustafa und ich die Hügel in der Nähe der Stadt, um ungestört den Himmel betrachten zu können.

An diesem Abend erzählte er mir von dem *lebendigen Atem,* der die Erde umhüllt.

Während er sein Haupt eine Weile senkte, zog er sich in völliges Schweigen zurück und suchte, den Rhythmus des eigenen Atems mit dem Fluten der Luft, die uns umwirbelte, zu verschmelzen.

Und als er vor mir stand, ergriff der Wind seine Umhänge und breitete sie in der Luft aus, wobei sich zwei Flügel aus Licht formten. So erschien er mir wie ein Engel mit Flügeln, der aus einer himmlischen Region herabgestiegen war.

Als er sich zu mir wandte und sprach, erblickte ich das Licht der Himmel um seine Schultern und in seinen Augen.

»Die Luft über der Erde fließt in fortwährender Bewegung, ein Ozean unsichtbaren Lebens. So ist sie auf viele Arten den Meeren vergleichbar, deren Wasser über die Oberfläche der Erde strömen.

Der Geist des Lebens haucht beiden Ozeanen mit gleicher Liebe seinen leuchtenden Atem ein.

Und voll dieser Liebe umfassen beide die Erde und geben immerdar von sich, das Leben in dieser Welt zu erhalten.

Mit großer Zärtlichkeit und großem Erbarmen sind sie uns dienlich.

Denn die Ozeane baden und liebkosen unsere Gemüter und Körper mit ihren rhythmischen Wogen, während jene luftigen Meere, die den Himmel durchfluten, unsere Seelen bis weit hinter diese Welt tragen.

So verbinden sie beide die kleinste Form des Lebens mit der Unermesslichkeit des formlosen SEINS. Und damit vollenden sie den Kreis der Schöpfung, der sie in Harmonie erlöst.«

»Wären wir doch nur so frei, denn unsere Füße baden im Wasser und unsere Hände sind in den Himmel erhoben; dennoch können wir nicht atmen im Wasser und nicht schwimmen im Himmel.

Wir verneinen die Einheit in uns und somit die Einheit mit dem Ganzen der Schöpfung.

Aber, Almitra, die Veränderung wird mit Gewissheit kommen. In der Tat, wir müssen lieben und hingebungsvoll diesen lebendigen Bund wieder bestätigen, denn nur indem wir uns mit dem Glanz dieser Einheit umhüllen, können wir uns mit dem heiligen Herzen des Lebens vereinen.

Und nur durch diese Vereinigung erfahren wir eines der kostbaren Mysterien des Lebens, dass nämlich jedem Teilchen des Lebens ein von Liebe erleuchtetes Herz innewohnt, ganz so wie unser eigenes.

Es ist dieses Herz, das strahlt und einen Stern aus jedem Teilchen des Lebens erschafft; und es ist nichts anderes als ebendieses Licht, das wir in jedem Schluck Wasser und mit jedem Atemzug suchen.

Wir könnten umhüllt von Licht an die Stätte des Lebens zurückkehren, und dennoch verharren wir vor den Toren.«

»Können wir nicht von der Luft und dem Wasser lernen? Die Luft schwimmt durchs Wasser, und das Wasser durchflutet die Luft, denn beide sind in der Gesamtheit des Lebens vereint.

Wir erfüllen unsere Münder mit dem kühlen Wasser des Frühlings und unsere Lungen mit frischer Bergluft, aber dennoch bleiben unsere Augen blind und sehen das Licht der Liebe nicht, und unsere Ohren bleiben taub und hören das Lied des Lichtes nicht.

Wir trinken und atmen von dieser Welt ein, und dennoch bleiben uns die Mysterien des Lebens fremd, denn um diese Mysterien erfahren zu können, müssen wir vom Leben selbst trinken und atmen.

Wenn wir verstehen, dass jeder Durst aus dem einen Durst nach Leben herrührt, werden wir sicherlich mehr vom Leben selbst trinken, denn wir wissen, dass wir so all unseren Durst stillen.«

Er wandte sein Gesicht den Sternen zu und verschmolz seinen Atem ein weiteres Mal mit der Luft, die uns nun sanft umwehte und ein Wiegenlied der Liebe sang, während sich der Gesang seiner Worte langsam in Stille auflöste.

Lange verweilten wir an jenem Abend auf den Hügeln, denn es schien, als trüge uns die Luft in eine tausend Jahre entfernte Welt.

Und es geschah dort, dass wir die Jahre sich sammeln und an uns vorbeiströmen sahen, ganz so, als seien sie aus Wolken gemacht.

Dort tranken wir auch den mystischen Trank der Zeit und des Raumes, und, durch beide hindurchschreitend, waren wir frei. So empfing ich die verborgenen Mysterien der Lüfte, von denen selbst Almustafa nicht gesprochen hatte, da sie mit Worten allein nicht auszudrücken sind.

Von diesen Visionen verzaubert, stieg ich in endlose Ewigkeiten, bis schließlich Almustafa sich zu mir wandte und sprach:

»Schwester, da ist einer im Tal unter uns, der unserer Hilfe bedarf, komm, lass uns gehen!«

Als ich diese Worte hörte, wandte ich mich dem Tal zu und versuchte, die Dunkelheit zu durchdringen, um den zu finden, der unserer Hilfe bedurfte.

Dennoch erblickte ich, abgesehen vom Tanz der Bäume im Wind und den zarten Fingern des Windes, der mein Gesicht streichelte, nichts.

Almustafa wurde meiner Anstrengungen gewahr und sagte:

»Almitra, sorge dich nicht, es ist nichts als eine erloschene Kerze, die des Lichtes bedarf.«

Bald darauf führte uns das leise Weinen eines Kindes durch das Tal. Wir folgten diesem traurigen Lied, bis wir einen kleinen Jungen fanden, von dem ich wusste, dass er Joshua hieß. Er war der jüngste Sohn eines Gerbers der Stadt und allen Menschen wegen seiner Abenteuer in den nahe gelegenen Bergen bekannt.

Man sagte, dass er bei Tage in die Berge lief und, müde vom Spielen, einschlief, um dann bei Sonnenuntergang zu erwachen. Dann versuchte er, die Sonne zurück in die Stadt zu jagen.

Aber da er noch klein war und der Weg schwierig, gelang ihm das kaum. Und so fand er sich manchen Abend von Dunkelheit umgeben.

So fanden wir ihn, zusammengerollt wie eine Kugel und vor Furcht und Einsamkeit weinend.

Almustafa sah ihn, beugte sich nieder und hob ihn in seine Arme.

Er stand mit dem strahlenden Licht in seinen Augen und sang ein altes Lied, das denen in Not immer schon Frieden und Beruhigung schenkte.

So erhielt Joshua seinen Frieden zurück und konnte den Worten, die Almustafa ihm sagte, lauschen:

»Joshua, mein kleiner Bruder, warum weinst

du? Siehst du nicht, dass es nur deine Tränen sind, die die Nacht verdunkeln? Und dass es nur deine Ängste sind, die den Schatten zwischen den Bäumen Gestalt und Leben verleihen?

Nichts brauchst du zu fürchten, Bruder, fürchte dich nicht vor der Nacht, die die Dämmerung in sich trägt, denn da ist nichts in der Dunkelheit, das nicht auch im Lichte wäre. Und da ist nichts in der unermesslichen Sphäre des Lichtes und der Dunkelheit, das nicht auch im unendlichen Reich des Selbst wäre.

Und da du spielst und lachst, während das Feuer der Sonne die Luft zur Mittagszeit entzündet, fahre fort, zu tanzen und zu lachen, wenn die kühlen Winde der Nacht sich um die Nöte ihrer Brüder und Schwestern kümmern, die in der Hitze des Tages gefangen waren.

Bruder, möge das Wissen deinen Weg begleiten, dass das Licht des Selbst sogar in der Dunkelheit der Nacht weiterscheint. Um es zu empfangen, brauchst du nur dein Herz und deine Augen zu öffnen.«

Und als diese Worte ihn umgaben, wandte sich Joshua um und setzte seinen Weg durch das Tal fort. Er ging ruhig und friedvoll inmitten der Dunkelheit, denn seine Seele leuchtete voller Sternenschein, und seine Augen funkelten voller Licht. Und so schien er voll dieser neu entdeckten Liebe zur Nacht dahinzuschweben.

Aɴ ᴇɪɴᴇᴍ anderen Morgen, als Almustafa und ich vom Marktplatz zurückkehrten, wartete Sarah auf uns. Sie leuchtete, als die Strahlen der Sonne sich über sie ergossen, und reichte uns ihre Hände, damit wir beim Aufstehen behilflich sein konnten; woraufhin sie uns lächelnd umarmte und sprach:

»Die Zeit für das kleine Wesen in mir ist gekommen, in diese Welt geboren zu werden.«

Während ich den Platz für die Geburt bereitete, kniete Almustafa vor ihr und sprach zu ihr mit sanfter Stimme:

»Schwester, öffne dein Herz, tanze in dem Rhythmus, der jetzt in dir singt. Ja, gib dich ihm völlig hin, denn dieser Rhythmus ist nichts anderes als der Tanz des Lebens deines Kindes.

Sarah, tanze mit deinem Kind, und der Rhythmus wird dich öffnen, denn die Bewegungen des Kindes in dir tun nichts anderes, als das, was du ohne Kind bist, zu vervollständigen. Und so soll es sein, denn nun werdet ihr das Fest der Geburt gemeinsam feiern.

Öffne dich dem Rhythmus der Wogen, vertraue dich der Ekstase des Tanzes an.«

»Der Augenblick, in dem das Kind die Gebärmutter verlässt, um schließlich in deinen wartenden Armen zu liegen, geht ein in die Ewigkeit.

Und dennoch solltest du verstehen, dass das Kind bei der Geburt von nichts anderem getragen wird als von der Mutter des Lebens selbst, die es von einer Brust zur anderen reicht. Strecke deine Arme aus, meine Schwester, dass du den Atem des Lebens tief in dir empfangen kannst und dich bereitest für die Ankunft des Kindes, diesen heiligen Stern aus den Tiefen des Alls, der eben jetzt zwischen den Himmeln aufsteigt, um in deine zitternden Arme zu fallen.

Sarah, lasse dich vom Geist tragen und stärken, denn das Kind in dir zittert und sucht nach Befreiung.

Fürchte nicht, dein Herz und deine Seele wie deine Augen zu öffnen, damit du alles um dich herum wahrnimmst, denn du gebärst ein wunderbares Leben.«

Als sie diese Worte vernahm, streckte Sarah die Arme aus, um den Atem des Lebens bis in ihre Gebärmutter dringen zu lassen. So bereiteten Almustafa und ich uns darauf vor, das Kind in die Welt der Erde und der Luft zu bringen. Dann, während wir noch unsere Vorbereitungen trafen, zeigte sich schon sein kleiner Kopf in unseren wartenden Händen. Und so begleiteten wir es in diese Welt.

Während er das Kind zärtlich an Sarahs Herz drückte, sprach Almustafa voller Liebe zu ihr:

»Sarah, freue dich über die Geburt dieses wunderschönen Mädchens, der Himmel selbst schmückt ihren Tanz in majestätischem Wunder. Viele Geschenke hält sie bereit für dich.

Aber sei gewahr, dass, obwohl du nun ihre Mutter bist und sie deine Tochter, keine von euch Forderungen an die andere stellen darf, nein, nicht einmal die der Liebe.

Denn mit Besitz hat der Akt der Geburt und das, was ihm folgt, nichts zu tun. Nur der Fluss des Lebens bewegt sich fort, und in diesem Flusse ist es die Liebe, die strömt und immerdar eine vollkommenere Einheit mit sich selbst sucht.«

»Und dennoch, Schwester, diese Einheit wird dich auf Erden besuchen, und du wirst ihre Gegenwart spüren, wenn du die süße Gemeinschaft der Familie erfahren wirst.

Lässt du dann die Bedeutung des Wortes Familie, das ihm die Menschen verliehen, weit hinter dir, dann wirst du erkennen, dass die Familie viel mehr ist als das Zusammensein eines Geschlechtes oder eine aus Umständen und Bräuchen geborene Gemeinschaft: Die Familie ist die Verbindung liebender Herzen untereinander.

Ist diese Beziehung erst einmal wirklich verstanden, wird die gesamte Schöpfung in dem Licht erstrahlen, das aus den Tiefen des Alls emporstieg, um dein Herz zu entflammen. Und so, Sarah, wird das gesamte Universum von dieser Flamme verzehrt werden, und da wird nichts ohne Liebe verbleiben. Ebendiese Liebe umgibt uns vor der Geburt und ebendiese Liebe ist es, die unsere Leben erhält.«

»Denn obwohl du deine Kinder gebärst, werden sie aufs Neue ins Universum geboren werden, so wie jeder Moment immer aufs Neue geboren wird.

Und in dieser ewigen Wiedergeburt sind sie für immer von Liebe umgeben.

Wahrlich, so wie sie bei ihrer Ankunft den Tanz des Lebens tanzen, so werden sie durch alle Zeitalter tanzen. Denn so wie es ein anderer euch schon versprach, hat euer Leben kein Ende.«

»Versuche nicht, die Art und Weise des Tanzes deines Kindes zu verstehen oder zu überwachen, und sorge dich nicht, falls du die Musik, zu der es tanzt, nicht mehr vernimmst. Lasse Frieden in dein Herz einziehen und wisse, dass sie zur gleichen Musik tanzt, die auch dich bewegte, und dass ihre Schritte sich nur verändert haben, um dem Wesen des Tänzers besser zu folgen.

Und verzehre dich nicht vor Sorge, wenn der Tanz deines Kindes enden sollte, denn wisse, dass der Tanz des Lebens ohne jeden Zweifel auch dann weitergeht, wenn die Schritte des Tänzers verhallt sind.

Könntest du dieses ergründen, der Tanz selbst

erfasste dich und trüge dich weit hinter die Grenzen von Leben und Tod.«

»Denn du bist Licht, das von Licht aus dem Wesen des Lichtes geschaffen wurde, und alles, das du erschaffst, ist Licht.

Sogar im Akt des Gebärens, wenn das Kind aus der Gebärmutter heraus in die Sphäre dieser Welt kommt, ist es nichts anderes als Licht, das aus Licht ins Licht entspringt.«

AN einem anderen Morgen, als Almustafa und ich im Säulengang des Tempels saßen und über seine Rückkehr sprachen, näherte sich uns ein Priester namens Jataz und bat Almustafa:

»Meister, ich möchte gerne mit dir sprechen!«

Almustafa erhob seine Hand, um Jataz zum Schweigen zu bringen:

»Ich werde mit allen sprechen, die zu mir kommen, aber nur als ein Bruder, denn nicht länger brauche ich den Klang des Namens Meister zu hören, um mich davon zu überzeugen, wer ich bin.

Ja, nicht länger sollten wir voneinander getrennt sein, vielmehr will ich mich an das Geburtsrecht erinnern, das uns allen gemeinsam ist.«

Jataz schwieg lange Zeit, als sei er bestürzt, und versuchte, diese Worte zu verstehen. Dann sagte er:

»Gerne sähe ich uns als Brüder, und dennoch ist es nicht ein Wort, das uns dazu macht.«

Almustafa blickte auf, schaute in seine Augen und antwortete:

»Ich möchte nicht nur Bruder heißen, vielmehr möchte ich in jener Bruderschaft, die alle Namen übertrifft, empfangen werden. Denn jeder, der mich darin willkommen heißt, wird die Wahrheit unserer Verbindung verstehen.

Jataz, könntest du mich so empfangen, wüsstest du in der Tat, dass wir Brüder sind. Denn sind wir nicht beide Kinder des Lebens, sind wir nicht beide aus derselben Gebärmutter der Liebe geboren und aus demselben Licht erschaffen?«

Als er diese Worte hörte, erhob sich der Priester, als wolle er gehen, aber stattdessen wandte er sich uns zu und sagte:

»Bruder, erst seit kurzem wissen wir von deiner Rückkehr. Und so wurde ich geschickt, um dich zu suchen und zu bitten, unserem ›Tag der Fülle‹, der erklärt wurde, um den überreichlichen Ertrag unserer Felder in diesem Jahr zu feiern, beizuwohnen.

Es werden jene unseres Tempels da sein, die von weither kommen und Geschenke für alle bringen, und obwohl deine Worte seltsam klingen, wünschen sich einige, dass du kommst, um zu unseren Gästen zu sprechen.«

Almustafa antwortete ihm:

»Sage mir, Jataz, welcher deiner Gläubigen war so weise, die Tage zu unterteilen, sodass einige Tage heiliger sind als andere?

Handelt es sich um einen Scherz, oder denken sie wirklich, dass sie zur Einheit des Augenblicks hinzuzählen oder davon abziehen können? Verstehen sie die Wahrheit ihres Glaubens nicht?

Sie tun nichts anderes, als allen anderen Tagen das abzuziehen, das sie ihren wenigen Feiertagen hinzufügen. Nein, Bruder, ich werde nicht kommen. Denn wenn dieses Gerede von Heiligkeit und Feier nicht endet, wird keiner von euch je wissen, was diese Worte wirklich bedeuten.

Wahrlich, solange einer einen Tag segnet und einen anderen verdammt, versteht er nichts von der Wahrheit der Tage. Denn er versteht nicht, dass alle Tage wie ein Tag sind, so wie alle Augenblicke vereint sind, und das ganze Leben in einem Herzschlag vibriert.«

»Das Leben ist immerdar EINES, Jataz, es kennt keine der Einteilungen, die die Menschheit vorgenommen hat, noch kann es getrennt werden, denn es ist nur die Menschheit, die sich teilt und somit die Geschenke des Lebens ausschlägt. Gebt Acht auf eure trennenden Taten, damit sie euer Sein nicht in zwei aufspalten und ihr die Fähigkeit verliert, als Einheit zu handeln. Verändert die trennenden Taten stattdessen in Taten der Einheit, sodass die Erde immerdar das zärtliche Streicheln von nackten Füßen auf ihrem Gras verspürt.

Und lasset nichts außer Liebe in jener Berührung sein. Die Liebe wird das Gras überdauern, und sogar die Erde selbst wird ins All verstreut werden.«

Jataz sprach, und seine Augen flackerten voller Furcht:

»Bruder, halte inne, damit du nicht zu weit gehst, denn ich wurde angewiesen, Worte wie diese hier zu berichten. Und ich fürchte das Ergebnis, wenn bestimmte Menschen deine Gedanken erfahren.«

Almustafa antwortete ihm:

»Nein, ich fürchte mich nicht vor ihnen. Denn ich habe von Beginn an nichts als die Wahrheit gesagt, und ich werde bis zuletzt nichts als ebendiese Wahrheit sprechen.

Es gibt keine Entfernung, die ich nicht zurücklegen würde, um mit denen, die ich liebe, die Wahrheit zu teilen; es gibt keinen Raum, den ich nicht überbrücken würde, um Licht in die Dunkelheit zurückzubringen, und da ist kein Widerstand, den ich nicht erdulden würde, um das LEBEN in eine dürstende Seele zurückzurufen.«

Bei diesen Worten wandte sich Jataz um und stieg die Treppen hinunter, als ob ein starker Wind ihn vorantriebe. Als er uns verließ, war er voller Furcht und Verwirrung, denn sein Herz hatte die Wahrheit in den Worten Almustafas gefühlt, und dennoch konnte sein Bewusstsein nicht von dem Glauben lassen, der ihm als Priester vertraut war und der jetzt mit der Wahrheit kämpfte und ihr den Weg in sein Herz verstellte.

Almustafas Augen waren voller Traurigkeit, als er sich zu mir wandte und sagte:

»Muss es immer wieder geschehen, dass die Menschheit sich gegen den kommenden Tag rüstet? Wird es niemals einen Raum oder eine Zeit geben, da alle Menschen sich dem Leben jeden Augenblick überlassen, ganz so, wie es ihnen dienlich ist?

Dafür bete ich, und möge es bald so sein, denn nur dann wird die Menschheit voller Verständnis sein und den Wunsch haben, ihren Weg fortzusetzen.

Schwester, das LEBEN ist immerdar mit uns. Fortwährend gibt es, und fortwährend liebt es. Wird das genug sein für die, die versuchen, den Tag zu beherrschen?«

An einem Abend, als wir hoch in die Berge gestiegen waren, um die Erhabenheit der Höhe zu teilen, hielt Almustafa inne, um vom leise fallenden Schnee zu sprechen. Seine Stimme erfüllte die kalte Nacht mit warmer Musik, als er begann:

»Singt zu uns, unsere Kristallbrüder und -schwestern!

Singt zu uns vom Leben in unserer Mutter, der See.

Küsst unsere Haut und werdet wieder zu Flüssigkeit, berührt unsere Hände, sodass wir an dieser freudigen Wiedervereinigung Anteil haben, denn auch wir entstammen den Meeren. Und noch immer legen wir durch den Rhythmus, der sanft wie Ebbe und Flut in uns strömt, von dieser Einheit Zeugnis ab.

Singt uns von euren himmlischen Reisen, salbt unsere Häupter, damit wir diese heilige Nacht mit euch teilen.

So freundlich und voller Liebe ist unsere Mutter, dass sie euch hierher schickte, um zu ruhen und auf diesem gefrorenen Boden zu schlafen, um so auf die Hitze des Sommers zu warten. Dann ruft sie euch in ihre Arme zurück und bittet euch, von euch zu geben, um den Durst aller zu stillen, die euch auf eurem Weg begegnen.«

»Ja, so barmherzig ist unsere Mutter, die See, und so unermüdlich in ihrem Dienst, dass sie so viel gibt und fortfährt zu geben, bis der Durst aller gestillt ist.«

»Und dennoch soll es so sein, denn unsere Mutter ist unbegrenzt in ihrem Erbarmen, und so kann sie nicht zufrieden sein, den Durst eines ihrer Kinder zu stillen, während ein anderes noch nach ihr verlangt. Und so, Almitra, bemitleide die Söhne und Töchter, die sich von ihrer Mutter abwenden, denn damit setzen sie der Welt ein Ende, die sie so liebevoll für sie bereitete.«

Daraufhin nahm Almustafa meine Hand und führte mich durch die Nacht. Es dauerte nicht lange, bis wir vor dem Eingang einer kleinen Hütte standen, die sich eng an die Bäume schmiegte und die Reisenden in der Nacht erwartete.

Almustafa öffnete den Riegel über der Tür und sagte zu mir:

»Schwester, gehe hinein und bereite dir ein Lager für die Nacht. Ich möchte noch eine Weile hier draußen im Schnee verweilen, aber du bist ermüdet und musst unbedingt ruhen, und es erfreute mich, wenn du hineingingst und schlafen würdest.«

Ich wusste, dass er die Wahrheit sprach, schaute

in seine Augen und berührte zart seine Hand, dann betrat ich die Frieden ausströmende Herberge.

Als ich am Morgen erwachte, fand ich mich so allein wie beim Einschlafen, und so verließ ich die Hütte, um nach Almustafa zu suchen. Dichter Schneefall schränkte meine Sicht ein, dennoch fand ich ihn nach kurzer Zeit. Schneebedeckt stand er vollkommen still und gab keinen Laut von sich, als ich mich ihm näherte. Mein Herz erinnerte sich an das Freundliche, das er über den Schnee gesagt hatte, und dennoch schrie meine Seele vor Furcht um sein Leben.

Als ich den Schnee von seinem Gesicht wischte, erschreckte er mich mit seinen Worten, denn ich hatte gedacht, er wäre erfroren und unfähig, sich zu bewegen.

Vielmehr erhob er seine Hand und sprach:

»Nein, Almitra, entferne diese glänzenden Kristalle nicht, denn sie besänftigen und erfrischen mich mit ihrer reinen weißen Farbe.

Sind nicht alle Farben in ihrem Licht verborgen? Ja, und so tauchen sie mich in die Fülle des Regenbogens.

Und so, wie sie mich erfrischen, so werden sie die Erde erquicken, wenn die Zeit dafür gekommen ist.«

»Das Meer ist uns in seinem Verständnis unserer Nöte und der Nöte der Erde weit überlegen. Wie eine flüssige Liebe ist das Leben der Erde, sie erneuert sich immerdar und begleitet eine jede Jahreszeit, wenn ihre Zeit kommt, den königlichen Palast des SEINS zu betreten.

Und so ist es auch hier, denn diese Kristalle sind nichts anderes als das sanfte Wasser der Ozeane. Sie tanzen sehr langsam, sodass sie die Flüssigkeit aufbewahren, bis sie gebraucht wird.

Dennoch, Schwester, es gibt ein Feuer, das sogar im Inneren des Schnees weiterbrennt und das mich warm erhält. Könntest du dieses gefrorene Weiß einen Augenblick lang vergessen, so fühltest du sicherlich die Wärme jenes Feuers.«

»Da alles Leben vereint ist und von einem einzigen Herzen ernährt wird, gibt es ebenso nur ein Licht, das die ganze Schöpfung erleuchtet.

Und mit diesem *größeren Licht* vereint, kann ich da meinen Weg in allen Bereichen des Lebens nicht finden, welche in Wahrheit nichts anderes sind als die unterschiedlichen Bereiche meines eigenen Selbst?

Und kann ich so nicht das Feuer, das immerdar in diesen kristallinen Teilchen unserer Meeresmutter brennt, umarmen und in der Berührung dieses Feuers bis zu den tropischen Inseln jener anderen Welt fliegen?

Wahrlich, Almitra, sogar der Raum stellt kein Hindernis dar, denn in Wahrheit sind alle Welten eine Welt, so wie alle Dinge des Lebens vereint sind.

Könntest du nur dich selbst und alle Dinge des Lebens als ein Leben mit ungeteilter Liebe umfangen, dann würdest du dich als eins mit allem Leben erkennen, ewig ungeteilt und ewig unteilbar.

Liebe ist der Schlüssel zur Tür des Lebens, Almitra, und bist du erst einmal durch diese Tür gegangen, so ist das ganze Haus des Lebens von Liebe erfüllt.

Könnten wir nur diese eine Tür öffnen, so öffneten sich alle anderen Türen immerdar für uns.«

An einem anderen Abend, da wir zurück in die Stadt reisten, hielten wir auf unserem Weg an, um zu rasten und unser Abendmahl einzunehmen.

Ich saß und schwieg, um meinem müden Körper Linderung zu verschaffen, ehe ich aß, während Almustafa Holz für das Feuer sammelte.

Und als er genügend beisammen hatte, wandte er sich mir zu und sprach:

»Schwester, öffne deine Augen, denn ich möchte mit dir das Wunder dieses Anblicks teilen. Siehe, Almitra, es ist wundersam und heilig, denn obwohl alle Menschen das Feuer kennen, verbirgt es dennoch sein heiliges Mysterium sogar jetzt, wenn es die Dunkelheit erhellt.

Es gibt in der Tat wenige, die die Wahrheit des Feuers verstehen, und es ist diese besondere Wahrheit, die ich suche, um sie mit dir jetzt zu teilen.«

In diesem Augenblick schlug er einen Funken aus den Steinen in seinen Händen und ließ ihn auf das Holz zu seinen Füßen überspringen, und nachdem er das Holz so entzündet hatte, fuhr er fort zu sprechen:

»Schwester, sagte ich dir nicht, dass alles Leben

nichts als Licht ist? Licht schwingt in verschiedenen Geschwindigkeiten, und so erscheint es in verschiedenen Formen.

Und sagte ich nicht ebenfalls, dass in jedem Teilchen des Lichtes eine Sonne strahlt und es ebendiese Sonne ist, die das Licht erschafft?

Und so, Almitra, ist es eben jetzt. Denn ich schlug diese Steine in meinen Händen so aneinander, dass ich ein Teilchen des Lichtes aus ihnen hervorrief und es veranlasste, das Feuer seiner Sonne zu teilen.«

»So fliegt die Sonne, die wir als Funken sehen, in das Holz. Und sie bittet das Holz mit ihrem Gesang der wirbelnden Schwingungen, die gefangen nehmende Langsamkeit der Erde für immer zu verlassen und in den ekstatischen Tanz des Lichtes einzutreten.

Das Holz ist entfacht, bezaubert von diesem Gesang, und so, beseelt von dem Funken, wird es lebendig, erhebt sich von der Erde und steigt auf in die luftige Ausdehnung des Himmels. Es steigt auf, sein Lebensstrom beschleunigt sich, bis es die Sonnenkräfte in ihm selbst nicht länger zurückhalten kann, so schwingen sie sich als Flammen empor, unsere Nacht zu erleuchten.

Die Sonne innerhalb des Steines vereinte sich mit ihren verwandten Sonnen im Holz, und mit großer Freude treffen sie sich, um gemeinsam den Tanz der Einheit zu tanzen.«

»Und ist es nicht so, dass drei augenscheinlich verschiedene Dinge ihr gemeinsames Wesen offenbaren? Ja, sind nicht der Funke, das Holz und die Flamme einem einzigen Stück vergleichbar, das auf drei Bühnen gegeben wird und dem Zuschauer nichts als ein gemeinsames Thema enthüllt?

Dennoch, Almitra, so wie der Funke sind alle Propheten, die jemals der Menschheit dienten. Denn kamen diese nicht auch mit ihren beseligenden Liedern und riefen alle Männer und Frauen dazu auf, die Beschränkung ihres kleineren Selbst zu verlassen und zu der grenzenlosen Ausdehnung des allumfassenden Wesens aufzusteigen?

Denn wahrlich, dort werden sie erkennen, dass alle ihre Brüder und Schwestern der Erde Geschöpfe dieses Wesens sind. Und ebendort werden sie zusammenkommen, um diese Einheit zu feiern.«

»Die Propheten haben nichts anderes versucht, als die ganze Menschheit miteinander zu verbinden, und haben sie aufgefordert, die einzige Schöpfung, die das Leben ist, zu erfahren und hoch zu schätzen.

Daran sollen wir uns immer erinnern, denn wegen der Art unseres Wesens und des ewigen Geschenks des freien Willens muss jeder allein den Ruf der Propheten empfangen, und unsere Antwort muss ebenso persönlich sein.

Denn es ist so, wie die Propheten vorausgesagt haben, im Moment, da wir wieder zur Einheit finden, stehen wir wahrhaftig allein vor unserem Schöpfer.

Und da alle Dinge der Schöpfung antworten müssen, Almitra, so müssen auch wir antworten. So lass uns unsere Seelen mit dieser Flamme verschmelzen, die eben jetzt auf dem Holz tanzt und unsere Nacht erleuchtet.

Und lass uns unsere Herzen freigeben in die liebende Fürsorge des jeweils anderen, und lass uns im Licht tanzen und die Musik und die Freude über unsere Einheit miteinander teilen.«

Nachdem wir vier Tage in den Bergen verbracht hatten, kehrten wir am Abend des Feiertages zurück.

Und als wir die Tempelhalle betraten, bat uns eine Stimme aus dem Schatten:

»Bruder, ich möchte mit dir sprechen!«

Almustafa wandte sich Jataz zu, hielt eine Lampe vor sein Gesicht und sagte: »Ja, und ich möchte gerne deinen Worten lauschen.«

Als er diese Worte vernahm, trat Sanftheit in die Züge von Jataz, und er sagte:

»Almustafa, ich bin gekommen, um deine Worte besser verstehen zu lernen, denn in der Tiefe meines Seins hallten sie wider, seitdem wir uns trafen, und ich möchte gerne so wie du an sie glauben. Ich habe dich hier erwartet, um dich zu bitten, an meinem Tisch Platz zu nehmen, und hoffe, dass wir die Früchte des Lebens ebenso teilen mögen wie die Früchte meiner Felder.

Und sorge dich nicht, denn ich ehre deine Entscheidung, morgen nicht zu erscheinen. Ich bitte dich allein an diesem Abend um deine Anwesenheit.«

Almustafa antwortete ihm und sprach:

»Ja, Jataz, ich werde mit dir zu Abend essen und mehr von dem Licht erzählen, das meine Seele erfüllt und von der Liebe, die meinem Herzen entströmt.

Denn ich werde dir das klare Verständnis der Worte, die ich sprach, nicht verweigern. Und vielleicht werden auch die, die um dich sind, durch dein Begreifen verstehen.«

»Lass uns beten, dass es so sein möge, denn nur so können wir unsere Bruderschaft annehmen und die Mauern unserer scheinbar unterschiedlichen Herkunft hinter uns zurücklassen.«

Während Jataz darüber nachsann, wandte sich Almustafa mir zu und sprach:

»Schwester, sorge dich nicht, immerdar müssen wir das Geschenk des Lebens annehmen und immerdar müssen wir uns an das Wesen dieses Geschenks erinnern: Dass jedes Korn des Lebens durch das Ganze der Schöpfung sich ewig wandelt, um für immer das Licht, das es enthält, freizugeben. Und so beseelt sich das Leben ohne Licht ebenso. Vergiss nicht, Almitra, das Leben ist eines, und es strömt immerzu als eines.

Obwohl uns jemand einen Moment lang Leid zufügen mag, müssen wir unser Herz erweitern, um solches Handeln zu vergeben, und uns dahin entwickeln, ebendiese Hand vielleicht im folgenden Moment in Liebe zu empfangen.

Denn alle Dinge des Lebens wachsen ewiglich, und es gibt nichts von diesem Wachstum, außer dem Streben vom Dunkel ins Licht, von Furcht in Liebe.

Und wenn diese Entwicklung sich uns zeigt, müssen wir sie mit Liebe unterstützen, so wie andere unser Wachstum mit ebendieser Liebe nährten.

So werden wir alle gemeinsam zur Sonne hinaufsteigen und die Wunder unseres Ursprungs erkennen und begreifen, dass das ganze Leben als eines geschaffen wurde, und ein jeder von uns diese Einheit in dem Maße bekundet, in dem Mitleid sein Herz regiert.«

Mit diesen Worten berührte er zart mein Gesicht und wandte sich zu Jataz, und still verließen sie den Tempel.

Bis weit in die Nacht hinein speisten sie und labten sich an den Früchten der Felder und an den Weinen. Aufmerksam hörte Jataz Almustafa zu, als dieser vom Leben und seiner Einheit sprach – und von der Liebe, die von allen offenbart werden muss, die diese Einheit in ihren Herzen und in ihrem Leben empfangen wollen.

Viele Worte waren gesprochen worden, als Jataz plötzlich aufsprang und ausrief:

»Es war falsch von mir, schlecht über dich zu denken. Und noch schlechter war es, dass ich versuchte, dir Schaden zuzufügen.

Komm, wir müssen gehen, bevor die kommen, die dir schaden und dich in der Nacht verschleppen wollen.«

Almustafa bat ihn:

»Sprich weiter, Jataz, erkläre deine Worte!«

So fuhr Jataz fort:

»Nachdem wir das letzte Mal zusammen gesprochen hatten, war ich von Angst erfüllt, denn deine Worte verwirrten und erstaunten mich gleichermaßen. Und so sprach ich mit den Tempelältesten und wiederholte vor ihnen alles, was du mir gesagt hattest, und auch in ihren Herzen erwachte die Furcht.«

»So hießen sie mich, dich hier unter dem Vorwand herzubringen, dass ich deine Worte besser verstehen wolle, aber in Wahrheit geht es nur darum, dass sie dich zu fangen trachten.

Denn sie gaben mir eine Flasche Wein, in den sie eine Arznei mischten, und von diesem Wein sollte ich dich trinken lassen, woraufhin du in tiefen Schlaf sinken würdest. Und so würden sie kommen und dich fortschleppen.

Sie wollen dich hinter den Mauern des Gefängnisses verbergen, aber lediglich für einige Tage, denn sie fürchten dich und haben weder den Mut, noch den Willen, dir wirklich ein Leid anzutun.

Es geht nur darum, dich an dem heiligen Tag zum Schweigen zu bringen, denn sie glauben nicht daran, dass du morgen nicht kommst, und denken wahrhaftig, du würdest erscheinen, um gegen sie und ihre Gäste zu sprechen.

Und so habe ich diesen Wein bis zuletzt aufgehoben, denn als du am heutigen Abend zu mir sprachst, da verschwand meine Angst und damit auch mein Wunsch, ihr Vorhaben auszuführen. Vergib mir, Bruder, das Schlechte, das ich dir angetan habe. Unter allen Menschen verdienst du als Letzter etwas Böses.«

Almustafa betrachtete ihn einen Augenblick und sagte:

»Immer schon war es so, Jataz, dass es die Furcht ist, die einen dazu treibt zu denken, jemand bedürfe des Schlechten. Denn sind die Augen erst einmal von Licht erfüllt und so befähigt, das Licht zu sehen, erkennen sie die Wahrheit, dass nämlich alle Dinge des Lebens nichts außer Liebe verdienen.

Wir sollten uns vorstellen, wir seien Gärtner in diesem heiligen Garten. Wir müssen mit Liebe pflanzen und mit Liebe hegen und pflegen, und wenn das Leben uns dazu auffordert, werden wir mit Liebe jäten.

Und schließlich, wenn auch alles andere getan ist, werden wir ernten und unsere Früchte mit Liebe genießen. Und so ist in Wahrheit nichts anderes als Liebe in unserer Gartenarbeit.

Bruder, das Leben braucht viel mehr als die Früchte auf dem Feld, um erhalten zu werden, denn das Leben kann nur durch die Liebe leben.

Siehe, Jataz, mit ebendieser Liebe bin ich gekommen, und ebenso werde ich mit dieser Liebe bleiben. Bringe den Wein, der in seinem Kuss den Schlaf verbirgt, und fürchte dich nicht.

Denn die, die kommen werden, handeln nur so, um mich zu einem zu begleiten, der laut nach mir ruft, und ich nähme alle Arten von Leid auf mich, um an seiner Seite zu sitzen.«

So brachte Jataz den Wein voller Bedenken und Bestürzung. Schweigend füllten sie ihre Gläser mit dem Wein und tranken, bis der letzte Tropfen den

Weg zwischen ihren Lippen gefunden hatte und ihre Gesichter hochrot gefärbt waren.

Und als die Arznei zu wirken begann und sich ihre Köpfe senkten, wandte sich Almustafa zu Jataz und sagte zu ihm:

»Schlafe in Frieden, mein Bruder, und beunruhige dich nicht dadurch, dass du etwas verheimlichen wolltest, und beschwere dein Herz nicht mit der Schuld des Betruges, denn wahrlich, ich sage dir, dass du nichts an diesem Abend verheimlicht hast und mich niemals betrogen hast.

Der einzige Betrug im Leben ist die Angst. Mit der Angst schnitzen wir die Maske des Todes und legen sie auf unser Gesicht, und ebenso geben wir mit dieser Angst unseren Henkern den Dolch unseres eigenen Todes.

Diese Angst ist der Dieb, der unsere Leben plündert. Und dennoch, sogar die Furcht kann dort nicht eintreten, wo ihr kein Einlass gewährt wird.

Und da mir an diesem Abend keine Furcht begegnet ist, wird mir ebenso auch kein Übel begegnen. Wenn du deine Augen nur noch einmal öffnetest, könntest du ein Lächeln auf meinem Gesicht sehen, das vom Kuss der Trauben ebenso tief verfärbt ist wie das deine.

Denn teilten wir nicht diesen Wein wahrhaft brüderlich und in Erinnerung an die Tage unserer Jugend, all das vergessend, das gekommen sein mag, um vorüberzugehen?

Und waren wir nicht untrennbar vereint im Geiste, überantworteten wir uns nicht dem ewigen Feuer der Liebe und überwanden wir nicht alle Unterschiede und Entfernungen, die sich seit den Tagen unserer Vergesslichkeit eingestellt hatten?

Ja, Jataz, dieses und mehr taten wir. Und als wir es taten, da führte es uns näher an unser höheres Selbst heran. So schlafe in Frieden und wisse, dass das Leben immerdar bei uns ist und es immerdar für unser Wohlergehen sorgt und uns von allem Leid erlöst.«

Mit diesen Worten, die sich ins Schweigen verloren, senkten beide Männer ihre Köpfe und sanken in tiefen Schlaf. Und so schliefen sie, als die Priester unter dem Deckmantel der Nacht kamen, um Jataz ins Bett und Almustafa ins Gefängnis zu bringen.

ALMUSTAFA erwachte in völliger Dunkelheit, und dennoch blieb er vollkommen gelassen. Während er still dasaß, umhüllte ihn die Klarheit seines Zieles.

Und so bat er sein Herz voller Liebe, Licht vor seinen Augen entstehen zu lassen:

»Licht des Lichtes in meinem Herzen, erhelle diesen Raum, der mich umgibt. Gib von deinem Glanze, meine Augen zu führen, denn sie sind blind in dieser Dunkelheit.

Ja, meine Geliebte, ströme deine Liebe aus und lasse das Licht erscheinen!«

Und so geschah es, dass eine leuchtende Lichtkugel Almustafa umgab und ihm erlaubte, die Zelle zu betrachten.

Und voll tiefer Liebe begab er sich zu einem Mann, der nahebei lag. Näher an ihn herantretend, entdeckte Almustafa, dass es Nicodemus war, ein Kaufmann, den er schon als Junge gekannt hatte. Dieses Wiedererkennen war mit Dankbarkeit dafür verbunden, dass er denjenigen gefunden hatte, den er suchte, und so weckte er den schlafenden Mann mit den Worten:

»Ich grüße dich, Nicodemus, mein Bruder der vergessenen Tage. Frieden sei mit dir!«

Noch schlaftrunken wandte Nicodemus sich Almustafa zu und sagte:

»Ja, Nicodemus ist mein Name, und lange hungerte ich danach, den freundlich ausgesprochenen Klang dieses Wortes zu hören.

Aber warte einen Moment: Träume ich? Sind diese Worte von dieser Welt? Wer ist es, der so zu mir aus der Dunkelheit spricht?«

Almustafa antwortete ihm:

»Ich bin es, Almustafa, dein Bruder aus lang vergangenen Tagen. Erinnerst du dich nicht mehr an mich? Ich war der Junge, der zu dir kam, als wir auf dem Marktplatz standen, und von den heiligen Dingen in deinem Herzen und deiner Seele sprach.«

Lange Zeit schwieg Nicodemus, dann sagte er voller Freude:

»Vergib mir, Almustafa, dass meine Augen mir nicht mehr dienlich sind. Aber ja, ich erinnere mich gut an dich. Und diese Erinnerung ist wie Sonnenlicht, das meine Dunkelheit plötzlich erleuchtet und wie Lachen, das mein Herz erquickt.

Was für eine Art Mensch brachte es fertig, dich in diese Zelle zu sperren? Hat sich dein sanftes Wesen verändert, und hast du so diese Strafe auf dich gezogen?

Almustafa ergriff seine Hand und antwortete:

»Nein, Bruder, ich habe mich nicht verändert, seitdem wir uns das letzte Mal trafen. Und in Wahrheit hat mich kein Mensch hier gefangen, obwohl es einige gibt, die glauben, es getan zu haben.

Ich gab mich selbst in die Hände derjenigen, die mich zu dir brachten, denn obwohl ich den Namen desjenigen, der mich rief, nicht kannte, kenne ich ihn jetzt. Und so sitze ich neben dir.

Diejenigen, die mich einsperrten, halten sich für Priester, aber sie sind es nicht. Denn die wahren Priester erscheinen in Licht gehüllt und zeugen durch die Liebe in ihren Herzen von der Einheit des Lebens und der damit verbundenen Freiheit. Aber diese, die sich Priester nennen, wissen nichts von Freiheit, noch wollen sie, dass irgendjemand frei ist. Stattdessen suchen sie alle diejenigen einzusperren, die vor sie hintreten und Freiheit verlangen.

Nicodemus, ich sage dir, nicht beanspruchte Freiheit ist in der Tat ein Gefängnis, und ungefühlte Liebe ist in der Tat Furcht.

Diese Männer, die sich in ihren goldenen Roben zur Schau stellen, tun das, um die Menschen mit den Zeichen irdischen Reichtums in Staunen zu versetzen.

Ein Bettler, der sich in nichts anderes als zusammengesammelte Lumpen hüllt, spricht eher die Wahrheit als diese. Sie kommen aus dem Dunkel und behaupten, sie kämen vom Licht.

Bruder, sie kommen nicht aus der Liebe, es sei denn der Liebe zur Macht, und sie kommen nicht aus dem Licht, es sei denn aus jenem Licht, das das Licht des von ihnen gehorteten Goldes widerspiegelt.«

»Sie sprechen ihre verschlagenen Worte und sagen allen, dass sie von Gott sprechen. Wahrlich, dennoch spielen sie nur mit den Worten unserer Vorfahren und weben ein Netz, in dem sie alle Dinge des Lebens fangen wollen.

Aber in Wirklichkeit, Bruder, geht das Leben über Raum und Zeit weit hinaus, und es gibt keine Falle, in der auch nur der winzigste Teil des Lebens gefangen gehalten werden könnte.

Sogar die, welche die Furcht von der ihnen unbekannten Einheit predigen, würden im Lichte des heiligen Lichtes erstrahlen, könnten sie nur ihre Herzen der Schönheit der Liebe öffnen.«

»Ja, Nicodemus, könntest du nur die Wahrheit des Lebens erfassen, es gäbe keine Art von Gefängnis, das dich zurückhalten könnte.

Denn ich sage dir, dass du, obwohl du gefangen bist, in Wahrheit vor dem Angesicht des Unendlichen freibleibst. Könntest du dir nur dieser Freiheit in der Mitte deines Seins bewusst sein, jedes deiner Gefängnisse stürzte ein. Viele finden sich mit ihrer Gefangenschaft ab, und nur wenige erkennen, dass ebendieses Abfinden selbst ihr einziges Gefängnis ist.

Bruder, immerdar reicht uns das Leben den Schlüssel der Befreiung, und um den Schlüssel in Empfang nehmen zu können, brauchst du nichts anderes zu tun, als dich dem Leben selbst anzuvertrauen.

Komm, stelle dich neben mich und erfreue dich mit mir an der Schönheit und an dem Licht der Morgensonne!«

Nicodemus antwortete ihm:

»Almustafa, treibst du Scherze mit einem alten Mann? Sagte ich nicht, dass meine Augen sich dieser Welt für immer verschlossen haben? Und sind wir nicht außerdem hinter diesen Mauern gefangen und vom Licht des Tages getrennt?«

Almustafa umarmte ihn voller Mitleid und antwortete:

»Nein, Bruder, ich scherze nicht mit dir. Ja, in dieser Zelle sind wir vom Licht des Tages abgeschnitten, aber das größere Licht, das Licht Gottes, hat uns nicht verlassen. Denn es ist ebendieses Licht, das die Zelle erhellte und mir das Geschenk machte, dein Gesicht betrachten zu können. Und ebenso erfüllt diese Leuchtkraft nun mein Herz und bittet die Steine, die uns umgeben, uns zurück in das Licht des Tages zu entlassen.«

»Nicodemus, diese Zelle ist nicht unser Gefängnis. Denn welches der vielen Wesen auf dieser Erde kann auch nur den kleinsten Teil der Heiligkeit des Lebens verneinen oder das heilige Geschenk der Freiheit, das das Leben uns ewiglich gewährt, zurückfordern?

Wahrhaftig, das ist nicht möglich, denn wir sind göttliches Leben, und die letzte Entscheidung bleibt ewiglich uns selbst vorbehalten, jede Erfahrung, die wir machen mögen, anzunehmen oder abzulehnen.«

Nicodemus bat Almustafa mit vor Ehrfurcht bebender Stimme:

»Almustafa, was für ein Mensch bist du? Lange lebte ich auf dieser Erde, und dennoch traf ich niemanden außer dir, der so vom Leben spräche. Willst du einem alten Manne sagen, welche Quelle dir deine Weisheit schenkte?«

Und Almustafa antwortete ihm:

»Ich bin nur ein Mensch, der Hand in Hand mit dem LEBEN geht. Und so empfing ich meine Weisheit direkt aus der einen Quelle des Lebens. Denn was ist es anderes, weise zu werden, als den Spiegel der Seele blank zu reiben, sodass du darin deine eigenen göttlichen Gesichtszüge erkennen kannst?

Und so, Nicodemus, trage ich mein Menschsein wie eine Krone, während andere ihres verachten, als sei es ein Totenhemd.

Dennoch singt das Leben in uns allen, in mir ein glühendes Lied für meine Geliebte, und in anderen ein Lied von gefrorener Furcht vor dem großen Unbekannten.

Ich freute mich, wenn jeder Mann und jede Frau die Krone des Lebens empfinge und wenn sie ihre Leichentücher dem Wind zurückgäben, damit sie noch einmal als Staub zur Erde zurückkehrten.

Denn wären alle frei, die Liebe des Lebens zu empfangen, und die ewige Furcht vor dem Übel, das ihrer Meinung nach das Leben ihnen antun will, hinter sich zu lassen.«

Almustafa hielt eine Weile inne und schaute tief in Nicodemus' Augen. Dann fuhr er fort:

»Komm, Nicodemus, lass uns aus dem Licht, das in dieser Zelle ist, eine Krone formen, die du tragen kannst. Denn deine Augen sind nur blind für die Dunkelheit dieser Welt, und sie werden sich mit Freuden wieder öffnen, wenn sie mit Licht erfüllt sind. Lasse diese Worte dein Herz mit dem Licht der Liebe erfüllen und öffne deine Augen für das Licht des Tages.

Und lass uns unsere Seelen von allem befreien außer dem Gedenken an unseren ruhmreichen Herrn, und lass uns ein Lied für ihn singen:

Herr, bevor alles andere erschaffen wurde, standest du allein. Formlos warst du und wurdest vom heiligen Atem erhalten.

Ja, du warst wie die aufgehende Sonne und strahltest in deiner Bloßheit.

Und dennoch, diese Bloßheit enthielt deine Freiheit, dir jede mögliche Form zu erwählen.

Und so, Herr, tragen deine liebenden Hände, für

manche unsichtbar, schweigend alles andere: Lebendes, Totes und sogar noch Ungeborenes.

Und dein Gesicht, Herr, lächelt friedvoll in allen Gesichtern, während dein kristallines Licht jede Dunkelheit erleuchtet und durch die Unendlichkeiten des Raumes flutet. Ja, da ist kein Platz, an dem du nicht bist, kein Teil des Lebens, den du nicht berührst.

Herr allen Lebens, du bist das Licht.

Zu dir bete ich nun – scheine für uns immerdar.«

Almustafa erhob seine Augen zu Nicodemus und stand in demütiger Freude, als er die Verwandlung seines Bruders bemerkte. Ein verborgenes Licht hatte Nicodemus umhüllt, und während es geschwind durch seinen Körper lief, wurde jedes Atom ins Licht getaucht. Während es sich mit dem Schlag seines Herzens und den Schwingungen seiner Seele vermischte, offenbarte es die Klarheit seiner Verwandlung. So beseelt stand er zitternd und sprach zum Herrn:

»Herr, ohne dich bin ich nichts! Du erfüllst mein Sein!

Ich bin eine erloschene Lampe und überantworte mich dir und deiner Herrlichkeit. Du entfachst erneut meine Flamme!«

Es schien, dass sie eine Ewigkeit so standen und schwiegen und diese Worte durch den Raum schwingen ließen, bis ihr Echo aus jenem Schweigen, dem sie entstammten, zurückkehrte.

Und als sie von diesen feinen Schwingungen berührt wurden, frohlockten sie beide in ihren Herzen.

Voller Freude wandte Almustafa sich Nicodemus zu und umarmte ihn. Als er die Tränen in den Augen des alten Mannes sah, sprach er zu ihm:

»Willkommen, Nicodemus, willkommen im *Garten des Lebens*. Gepriesen sei der Herr des Lebens, denn es war seine strahlende Liebe, die dich mit ihrem majestätischen Licht umgab.

Es war seine Liebe, die durch die sternbedeckten Räume des unendlichen Universums flog und ein Wesen der Dunkelheit freudig in ein Wesen des Lichtes verwandelte.«

Nicodemus weinte vor Freude, und sogar durch seine Tränen hindurch sah er das Leuchten von Almustafas liebendem Antlitz, denn sein Herz hatte sich mit Liebe gefüllt, so wie seine Augen sich mit dem Licht erfüllt hatten.

Dann sprach Almustafa:

»Und nun, mein Bruder, lass uns gemeinsam die Steine in dieser Mauer anrufen und lass uns Lieder für sie singen, sodass wir diese Zelle verlassen können.« Nicodemus betrachtete Almustafa mit Staunen und noch größerer Ehrfurcht und sprach:

»Rätst du mir wahrhaftig, zu diesen Steinen zu singen? Wären wir Steinmetze, könnten wir vielleicht ein Lied mit unseren Äxten singen, aber,

Bruder, was können wir tun, da wir doch nichts als unsere Hände haben?«

Almustafa stand vor Nicodemus und antwortete voller Ruhe:

»In Wahrheit werden wir noch nicht einmal unsere Hände gebrauchen, denn diese Wand ist aus nichts anderem als aus Teilchen des Lichtes zusammengesetzt, die sich hier so langsam bewegen, als seien sie unbeweglich.

Aber sind sie erst einmal beseelt, was ich nun tun werde, werden sie ihre Härte verlieren, und dann werden wir durch sie hindurchgehen, so als ob wir durch Luft gingen.

Fürchte dich nicht, Bruder, öffne deine Seele und erinnere dich an diese Worte:

In der gesamten Schöpfung ist nichts, das dich einsperren oder dir Leid zufügen könnte, sobald du die Wahrheit der Schwingungen erkannt hast und somit den Gesang des Lichtes verstehst.«

»Ja, Nicodemus, in der Tat rate ich dir, diesen Steinen ein Lied zu singen, denn von diesen Liedern wird das ganze Leben geführt.

Licht, der ungenannte Name des Herrn des Lebens, sitzt auf dem Thron allen Seins und regiert die verschiedenen Sphären von Zeit und Raum mit einem Willen, der mächtig und geheimnisvoll ist.

In der gesamten Schöpfung wird niemand seine Schönheit erblicken, außer dem, der sein Reich des Lichtes betritt. Und es wird niemals eine andere Pforte in dieses Land führen als die Pforte der Verzückung.

Niemand wird ihm durch Gewalt oder List begegnen, und diejenigen, die ihn auf diese Art suchen, werden lange unter der Erde schlafen, ehe sie vor seinem Thron stehen.

Aber die, die demütig sind und ihr Sein voller Liebe mit dem Licht des Heiligen Geistes erfüllen, rufen den Herrn bei seinen vielen Namen.

Und er wird ihnen antworten und ihnen geben, wessen sie bedürfen.

Ja, Nicodemus, und er wird sich auch unseres Leides erbarmen, wenn ich ihn rufe. Denn er ist es selbst, der in diesen Steinen sitzt und er, der uns in das Licht des Tages hinausführen wird.«

Mit diesen Worten setzte sich Almustafa vor die Mauer und begann sein Lied, in dem er die Steine bat, ihre Schwingungen zu beseelen und damit die Trägheit der Erde abzuwerfen. Nicodemus war voller Verwunderung, denn obwohl das Lied, das Almustafa sang, stumm war, rief es tatsächlich eine Bewegung der Steine hervor.

Alsbald begann ein Teil der Wand zu verschwinden. Almustafa blies mit der Macht seines Atems darauf, und er hob sich hinweg wie eine Wolke, die vom Wind getrieben wird.

Und so gingen Nicodemus und Almustafa durch die Öffnung in der Wand ins Licht der Morgensonne. Nicodemus, der erkannte, dass sie wirklich frei waren, wandte sich Almustafa zu, umarmte ihn und flüsterte atemlos:

»Ja, Bruder, nun sehe ich die Schönheit des Herrn des Lichtes!«

ALMUSTAFA begab sich sofort zum Marktplatz, während Nicodemus zu mir kam, um mir zu sagen, dass es ihnen gut ginge. Und so sahen die Priester, die ihn in die Gefängniszelle geworfen hatten, Almustafa.

Schnell riefen sie andere herbei, sich zu versammeln und ihn zu fangen, denn nun waren sie vollends von Furcht ergriffen und schreckten vor keiner Tat zurück, um ihn zum Schweigen zu bringen.

Als sich der Kreis der Priester um ihn schloss, sprang Almustafa auf einen Karren und rief ihnen zu:

»Brüder, ehe ihr handelt, hört meine Worte!«

Hafiz, ein älterer Priester, rief:

»Wir haben genug von deinen Worten gehört, Almustafa, und wir befanden, dass sie voller Lügen sind. Hättest du deine Worte gezügelt und den Menschen nur von ihnen selbst erzählt, aber stattdessen fülltest du ihre Ohren mit eitlen Versprechungen von der Einheit mit Gott. Vielleicht kannst du Kinder in das Land deiner Träume entführen, aber uns täuschst du nicht. So schweige!«

Almustafa erhob sein Haupt und sprach:

»Eher solltet ihr versuchen, den Wind zum Schweigen zu bringen, denn die Wahrheiten, die mir bekannt sind, werden ausgesprochen werden.

Du sagst, ich hätte die Worte an meine Brüder und Schwestern verhüllen sollen, ich hätte nur von ihnen selbst sprechen sollen und nicht von ihrer Einheit mit Gott.

Und dennoch, ich sage dir, dass ich tatsächlich über nichts anderes als sie selbst sprach, als ich von Gott sprach, denn wahrhaftig, ihr höheres Selbst ist nichts anderes als Gott.

Und damit sprach ich über nichts außer der Einheit der kleineren und größeren ›Selbste‹, die in Wahrheit nur ein Selbst sind.

Und so sprach ich in der Tat von der Einheit mit Gott, die kein eitles Versprechen, sondern eine immer vorhandene Gewissheit ist. Denn wo sonst sollte Gott wohnen als in unserem innersten Wesen?

Und so sind wir eines. Und so wie wir es am Anfang waren, werden wir es weiterhin sein, denn unser Leben ist ohne Ende.«

»Sogar jetzt, während ich spreche, umgibt uns die unendliche Liebe Gottes, und während er uns in diese Liebe hüllt, gewährt er uns die erhabene Einheit, die er selbst ist.

Und so wie er uns gibt, gibt er allen, denn es gibt nichts, das nicht in der Heiligkeit fortdauert, die wir Gott nennen.

Ja, kein Teilchen der Materie bewegt sich, das allein Materie wäre, denn die ganze Schöpfung schwingt zuerst als lebendiges Sein im Heiligen Geist.

Und so ist Gottes Liebe zum Leben ewiglich und immerdar erfüllt von Freude und wird allen zuteil. Er bittet um nichts, denn mit seiner Liebe ist das königliche Geschenk des freien Willens verbunden.

So überlässt es Gott einem jeden von uns, wie wir seine Liebe zurückgeben.«

»Brüder, so habe ich von Anbeginn an gesprochen, und ebenso spreche ich jetzt. Aber meine Worte sollen euch nicht verwirren, erquickt euch stattdessen an seiner Liebe.

Diejenigen unter euch, die von meinen Liedern nur die Worte hören und nichts von der Liebe fühlen, die ihnen innewohnt, sind wie jene, die das Toben des Sturmes hören, aber nichts von der Liebe fühlen, mit der er die Erde überschüttet.«

Hafiz unterbrach ihn und sprach:

»Sei still, Almustafa! Du speist uns mit Dichtung ab. Willst du uns ärgern?«

Almustafa wandte sich um, ihm zu antworten:

»Nein, Brüder, ich möchte nicht, dass ihr eure Herzen mit Hass erfüllt, denn ich sage euch, dass das, was eure Herzen erfüllt, auch eure Tage und Nächte erfüllt, und die Furcht, die euch einen Augenblick lang ergreift, wird euch viele Jahre lang plagen.

Lieber wäre es mir, ihr fülltet eure Herzen mit Liebe und teiltet so mit mir unsere letzte Umarmung, denn nun gehe ich wie ein Pfeil von euch, den der Bogen entlässt.

Ja, wie ein Pfeil, der schon jetzt bebt und sich vorbereitet zu fliegen.«

Almustafa erblickte diejenigen, mit denen er seine Jugend geteilt hatte, und er rief:

»Kommt, meine Lieben, kommt zu mir und empfangt meine Berührung. Denn gebe ich von mir mit dieser Berührung, gebe ich von meiner Liebe.

Und wahrhaftig, ich rate euch, geht in euch und erkennt, dass ihr im Geiste vereint seid.

Und versteht im Lichte dieser Einheit die Wahrheit des lebendigen Gottes, der immerdar vereint ist durch die Unendlichkeit der Zeit und des Raumes.

Ein Gott, der den Trennungen, die ihr ihm aufbürdet, keine Beachtung schenkt, so wenn ihr einen Teil von ihm in den Himmel und einen anderen auf die Erde verbannt, der immer getrennt von ihm sein soll.

Der Herr beachtet diese Trennungen nicht, denn als strahlendes Licht entströmt er jedem Funken des Lebens.«

Hafiz schrie: »Genug, genug!«

Dann wandte er sich den Priestern zu, die um ihn standen, und rief:

»Bringt diesen Ketzer zum Schweigen. Diesen Zauberer, der Steinmauern trotzt. Geben wir ihn seinem heiligen Licht zurück! Seine Worte entweihen unseren Festtag! Versammeln wir uns schnell, und bringen wir ihn jetzt und für immer zum Schweigen!«

Bei diesen Worten lief ich über den Marktplatz und stand bei Almustafa, der sich mir zuwandte und sprach:

»Almitra, ich bin voller Freude, dass du gekommen bist, denn vieles haben wir heute zu teilen.

Öffne deine heilige Herzenspforte, meine Schwester, und nimm das Licht dieses Augenblicks in dich auf. Tauche dein ganzes Sein in diesen Strom und lass ihn dich befähigen, den Fluss der zeitlosen Gegenwart in dem Gefäß, das du bist, zu bewahren.

Wahrhaftig, dann sollst du vorbereitet werden und fähig sein, dem Leben, das dich jetzt ruft, zu dienen.

Einmal von diesem Licht umhüllt, wirst du eine heilige Zeugin sein, und das Leben wird die Erinnerungen, die du jetzt in dich aufnimmst, ewiglich bewahren.«

»Zeichne sie in Liebe auf, Almitra, denn so wird jeder daran teilhaben können, der das Leben in meinem Namen sucht und dich bittet, dich an diesen Tag zu erinnern.

Und nun, meine Schwester des Lichtes, gehe in

dich, so wie du es zuvor schon tatest, und sieh mich als das, das ich bin. Komme zu mir und sei gewahr, dass ich über alle Trennung wie Schmerz und Tod erhaben bin. Betrachte diesen Moment so, wie du die Geburt betrachtest. Es ist nichts anderes als das Eingehen des Lichtes in Licht.

Die Einheit des Seins, in dem wir alle leben, hat mich mit der Stimme des Geistes in sein Herz gerufen, und ich gehe mit dem Wissen, dass ich in seinen Geist heimkehren werde.«

Almustafa stand plötzlich reglos, als sei die Zeit selbst gefroren, und während er tief in meine Augen schaute, teilten sich mir seine stummen Gedanken mit. So schwand meine Furcht, als ich seine Worte verstand:

»Meine Schwester, betrachte diese Menschen nicht als meine Mörder, denn in Wahrheit gehe ich an diesem Tag nicht zu Grunde. Ich setze nur meine Reise in einer anderen Form fort.

Und, Almitra, sei gewiss, dass mich niemand auch nur einen Moment vor meiner Zeit von dieser Erde hinwegsendet.

Obwohl diejenigen, die jetzt vor mir stehen, glauben, sie seien die handelnde Kraft, sind sie es nicht.

Denn wahrhaftig, alle auf dieser Erde haben nur an den Auswirkungen teil, die sie zu sich gerufen haben.

Und obwohl der Ruf sogar für ihre eigenen Ohren manches Mal stumm zu sein scheint, wird er doch vom Ohr des Lebens vernommen und später von der Hand des Lebens offenbart... Und so ist es auch mit mir. Denn in meiner Bewegung habe ich innegehalten, und sogar nach meinem Abschied bleibe ich bei dir, um immerdar von der Liebe und der Freude der Einheit zu sprechen.«

Als dieses stumme Lied endete, erging ein Steinhagel über Almustafa. Er wandte sein Gesicht den Priestern zu und rief die Steine an:

»Zart, Freunde, sanft, erinnert ihr euch nicht mehr an mich? Ich bin es, Almustafa, euer Bruder aus vergangenen Tagen. Ich bin derjenige, der vor gar nicht so langer Zeit mitten auf dem Weg innehielt, um viele von euch aus den liebenden Armen eurer Mutter Erde emporzuheben.

Mit ebendiesen Händen hob ich euch näher an meine Augen, um von eurer Schönheit zu trinken und um über das Rätsel, das ihr seid, zu staunen.

Ja, meine Freunde, dieses und mehr habe ich getan, denn war ich nicht derjenige, der ob eures Lebens frohlockte, während alle anderen euch für kalten, toten Stein hielten? Erinnert euch, meine schweigsamen Brüder, und tanzt nur zart auf meiner Haut, denn wahrlich, nichts anderes als euren Kuss auf meinem Fleisch brauche ich, um aus dieser Form aufzusteigen. Nur das Leben brauche ich freizusetzen, um sodann mit dem Wind zu tanzen.«

Seine Worte endeten, als er unter einem schweren Leichentuch von Steinen zusammenbrach. Ich stand wie gelähmt, als seine Stimme nochmals in den Lüften zurückkehrte.

In der Musik seiner Worte spürte ich den Windhauch eines großen vorbeiziehenden Sternes, und er sagte:

»Ihr mögt meine Augen mit diesen Lagen von Staub bedecken, aber niemals werdet ihr das Licht, das in ihnen scheint, auslöschen.«

Als seine Worte verklangen, erschien mitten unter den Steinen ein Licht zwischen seinen Augen. Es formte einen Kreis auf seiner Haut und flutete dann in die Atmosphäre, den Bereich des Universums, der vor Leben vibrierte. Das Licht stieg schnell in den Himmel empor. Es trieb und wirbelte in der Luftströmung und formte das Bild eines Menschen – eines so unermesslich großen Menschen, dass er den Himmel umfasste.

Schließlich stand er im Universum und streckte seine Arme wie Nebelschleier zu denen unter ihm aus, die auf Erden weilten und fortfuhren, die irdische Gestalt des geistigen Wesens, Almustafa, des Erwählten und Geliebten, zu steinigen.

Doch in Wahrheit hatte der Herr jenes Hauses den Körper, der ihn so liebevoll während seiner Tage auf Erden getragen, verlassen und war in Sphären und Zeiten eingegangen, die ihnen nur im Traum erscheinen konnten.

Nachwort zur
»Heimkehr des Propheten«

Kahlil Gibran ist einer der beliebtesten und meistgelesenen Autoren aller Zeiten. Durch seine einzigartige Fähigkeit, zeitlose, oftmals schwer erfassbare Wahrheiten in lebendige Poesie zu übertragen, hat er unzählige Leben berührt.

Gibrans Motivation gründete sich auf der Suche nach Wahrheit sowie dem Wunsch, den Menschen dabei zu helfen, sich der Wahrheit ihrer Göttlichkeit bewusst zu werden. Er verlieh unseren innersten unausgesprochenen Gedanken und Sehnsüchten Gestalt, und für viele Menschen sind seine Worte wie ein Leitstern, der in der Dunkelheit leuchtet.

Während Gibran »Der Prophet« schrieb, floss ihm Inspiration aus einer unendlichen Quelle zu, die ihn befähigte, nicht nur die außergewöhnliche Qualität der Arbeit, die dieses Werk erforderte, sondern gleichzeitig auch die Totalität des vollendeten Gesamtwerkes selbst wahrzunehmen. Je mehr sich sein Leben dem Ende zuneigte, desto

Gekürzte Fassung des ursprünglichen Vorworts von Jason Leen zur »Heimkehr des Propheten«.

größere Bedeutung erlangte jene göttliche Eingebung, die es ihm gestattete, mit Sicherheit sagen zu können, dass sein Werk sogar nach seinem Tod vollendet werden würde.

Gibran erkannte, dass »Der Prophet« nur der Anfang war. Nachdem er die Gesamtheit seines Werkes geschaut hatte, wusste er, dass es zwei weiterer Bücher bedürfte, um Almustafas Botschaft für die Menschheit zu vervollständigen.

»Ich gehe, doch wenn ich mit einer ungesagten Wahrheit gehe, wird mich diese wieder suchen und mich finden, wenn auch die Teile meines Seins in der Stille der Ewigkeit verstreut sind. Und ich werde wieder zu dir kommen, um mit einer neugeborenen Stimme zu sprechen aus dem Herzen dieser grenzenlosen Stille.«[*]

Mit diesem prophetischen Bekenntnis offenbarte Gibran mutig, dass der Ursprung seines Schreibens wahrhaft göttlich war und sein vervollständigtes Werk schließlich in seiner Gesamtheit erscheinen würde.

Mehr als vierzig Jahre später, am 6. Januar 1973, geschah es, dass ich zu einem damals unwissenden Werkzeug wurde, um meine Aufgabe bei Gibrans Prophezeiung zu erfüllen. In der Frühe jenes Morgens erschien die ätherische Form Almitras – einer arabischen Priesterin – im Arbeitszim-

---

[*] An Almitra gerichtet. Siehe »Im Garten des Propheten«, S. 166.

mer meines Hauses. Sie war gekommen, mir eine Geschichte zu überbringen.

Dies war der Beginn von Almustafas Wiederkehr. Wenig ahnte ich davon, dass ich dabei war, eine Aufgabe zu übernehmen, die mehr als sechs Jahre meines Lebens in Anspruch nehmen würde.

Anfänglich verband sich sowohl Freude als auch Verwirrung mit Almitras Besuchen. Es handelte sich um ein Verfahren, das mich sehr intensiv in Anspruch nahm, da es immer wieder außerordentlich schwierig für mich war, dem Rhythmus ihrer Worte zu folgen. Aber es gab nie einen Zweifel an der Tatsache, dass mich eine außergewöhnliche Energie umgab, wann immer ich die Mitteilungen empfing. Es war eine Art emporhebendes, aufheiterndes Gefühl, das ich niemals zuvor gekannt hatte. Diese Energie war es, die mich aufrechterhielt und in jenen Jahren der Arbeit nährte, damit es mir möglich wurde, die zarte Schönheit der Schwingungen Almitras, die die Geschichte ihres Geliebten widerspiegelten, in unserer begrenzten Erdensprache auszudrücken.

Mithilfe vieler unterschiedlicher Quellen habe ich versucht, die Wahrheit dieses Werkes zu verifizieren. Nun kann jeder Leser selbst entscheiden: Beschließt »Die Heimkehr des Propheten« die Trilogie in Gibrans Sinne? Ich glaube aufrichtig, dass dem so ist.

Aber ich war ja nicht der Einzige, der dabei half,

der Erde Almustafas Lied zu überbringen. Barbara Young diente auf ähnliche Weise, indem sie das zweite Buch der Trilogie »Der Garten des Propheten« nach Gibrans Tod vervollständigte. In einem späteren Buch über Khalil Gibran schreibt sie:

»Gibran plante ursprünglich zwei zusätzliche Bände, um die Reihe des ›Propheten‹ zu vervollständigen, den gerade erwähnten und den dritten, der ›Die Heimkehr des Propheten‹ heißen sollte. Unglücklicherweise war nichts von dem letzten aufgeschrieben worden. Oft sprach er davon, wenn er sagte: ›Wir werden das und das schreiben.‹ Aber nur ein Satz wurde niedergeschrieben. Dieser Satz fasste das tragische Ende zusammen, das er für Almustafa vorhersah. Es war dieser: ›Und er wird zurückkehren zu der Stadt von Orphalese… und sie werden ihn steinigen auf dem Marktplatz bis zum Tode; und er wird jeden Stein mit einem gesegneten Namen rufen.‹ …

›Der Garten‹ war, wie Gibran sagte, ›auf dem Weg.‹ Die verschiedenen Teile waren fast fertig gestellt.

Als ich mich schließlich hinsetzte, um das Buch in seine endgültige Form zu gießen, waren die Bedenken verflogen. Der Rahmen für die unterschiedlichen Bilder, die Gibran mit seinen leuchtenden Worten gezeichnet hatte, wurde lebendig, so als ob er tatsächlich das Benötigte bereitstellte. So wurde das Buch vollendet.«

Diese Information entdeckte ich, nachdem ich einige Jahre an der »Heimkehr des Propheten« gearbeitet hatte. Ich war sofort tief ergriffen. Ihre Worte waren mir enorme Unterstützung und bewiesen die Gültigkeit meiner eigenen Erfahrung. Sie schilderte ohne Zweifel einige meiner tiefsten Gefühle und Erkenntnisse während der Arbeit mit Gibran.

Ein Nachwort ist nicht für eine umfassende Schilderung der Art und Weise der Übermittlung und des Empfangens geeignet, denn dieses Thema ist so unterschiedlich wie die betroffenen Individuen selbst. Ich glaube aufrichtig, dass es jedem genügend motivierten Menschen möglich ist, Zugang zu erleuchteten Gedanken, Entwürfen, ja sogar Kunstwerken zu erhalten, die für die Menschheit sonst verloren wären.

Alle diejenigen, die Almustafas Weisheiten lauschten und ihn liebten, werden diese Liebe in ihren Herzen wieder entdecken, denn noch einmal hilft er uns, die oftmals leisen Lieder des Lebens zu vernehmen.

Jason Leen

ArkanA
GOLDMANN

Jenseits-Botschaften

Sylvia Browne
Die Geisterwelt ist nicht verschlossen
21567

James van Praagh
Und der Himmel tat sich auf.
Jenseits-Botschaften   21569

Sylvia Browne
Jenseits-Leben   21603

Joel Rothschild
Signale   21575

Goldmann • Der Taschenbuch-Verlag

GANZHEITLICH HEILEN
GOLDMANN

Kreativität & positive Energie

Debbie Ford, Die dunkle Seite
der Lichtjäger   14167

Chris Griscom,
Der Quell des Lebens   12242

Ingrid Kraaz,
Die Farben deiner Seele   13767

Sabrina Mesko,
Heilende Mudras   14201

Goldmann • Der Taschenbuch-Verlag